アゲもん

破天荒
ポテトチップ職人・
岩井清吉物語

稲田豊史

角川書店

アゲもん

破天荒ポテトチップ職人・岩井清吉物語

序章

蟻の目

菊水堂・八潮工場のポテトチップス製造ライン。

創業63年目のブレイク

そのポテトチップス工場は、埼玉県八潮《やしお》市の住宅街を抜けた先、垳川《がけがわ》のほとりにある。川を挟んだ向こう側は東京都足立区だ。

工場ができたのは１９６８（昭和43）年。つくばエクスプレスが２００５年に開業して八潮駅ができるまで、最寄り駅は県境を越えたずっと先の亀有駅だった。亀有駅は東京都葛飾区にあるＪＲ常磐線の駅で、歩けば約１時間。とはいえ、現在の最寄りである八潮駅も、工場から徒歩20分近くはかかる。

筆者がはじめてその工場を訪れたのは２０１６年のこと。付き合いのあった雑誌の編集部から連絡があり、「ポテトチップス特集をやるので、埼玉の老舗ポテトチップスメーカーを取材してほしい」という依頼があったのだ。

そのメーカーの名は菊水堂《きくすいどう》という。群馬県出身の瓦せんべい職人だった岩井《いわい》清吉《せいきち》（１９３０－２０２２）が、１９５３（昭和28）年に創業した菓子製造業者だ。

菊水堂がポテトチップスの製造を開始したのは、前の東京オリンピックが開催された１９６４（昭和39）年６月。２０２４年現在、日本に現存するポテトチップスメーカーの中では、記録上は湖池屋に次いで２番目に早くポテトチップスを製造したとされている老舗だ。

取材と工場見学は、清吉の長男で２０００年から二代目社長を務める岩井菊之《きくじ》（１９５７－）が自ら対応してくれた。

2024年8月現在の菊水堂。

従業員数は当時で三十数名。典型的な「町工場」の佇《たたず》まい。生ジャガイモがぎっしり詰まった倉庫からは、野趣あふれる土臭い香りがむっと漂ってきた。隣接した、お世辞にも広いとは言えない工場の建屋内に、相当に使い込まれた機械がぎっしりと並んでおり、菊之が一つひとつ丁寧に説明する。

ポテトチップスの製法は、スナック菓子の中でも群を抜いてシンプルだ。ジャガイモの皮を剥《む》き、薄く切り、水とお湯で洗い、油で揚げて塩などの調味料をまぶして出来上がり。しかし、シンプルなだけに誤魔化《ごまか》しが効かない。口に入れた瞬間、このポテトチップスが自分にとって「あり」なのか「なし」なのかが、誰にでもわかってしまう。

菊水堂は創業63年目にして、爆発的な「あり」を獲得した。

２０１５年３月10日、情報バラエティ番組

『マツコの知らない世界』（TBS系）で、同社が主に通販で販売する主力商品「できたてポテトチップ」をマツコ・デラックスが試食し、称賛したのだ。

「さっきそこの台所で揚げた感じ」

「お母さんが作ったみたいな味がする」

「とまんなくなる」

この反響から、「できたてポテトチップ」の売上は爆発的に増加。菊水堂自体もメディアで頻繁に取り上げられるようになり、埼玉の小さな老舗ポテトチップスメーカーは、やがて全国的な知名度を獲得することになる。2024年7月現在、「できたてポテトチップ」は1日に約1万袋出荷されており、常に工場の生産限度ギリギリだ。

なお商品名「できたてポテトチップ」は「できたてポテトチップ〝ス〟」にあらず。英語では「potato chips」と複数形での使用頻度が高いので、日本語に「ス」をつけるのが素直ではあるが、「potato chip」も無論間違いではない。「オックスフォード現代英英辞典　第10版」には「potato」の項目内にアメリカ英語「potato chip」が出ている。[*1]

かつては菊水堂に限らず各社ともに「ポテトチップ」表記だった。1950年に設立された日本における最初期のポテトチップスメーカーは「アメリカンポテトチップ」という社名であり、1974年に設立された業界団体も「日本ポテトチップ協会」である。年配層の中に「ポテトチップ」と呼ぶ人が多いのはそういうわけだ。その年配層の中には「できたてポテトチップ」を食して「昔食べたポテトチップスは、こんな感じだった」と目を細める人もいるが、蓋《けだ》

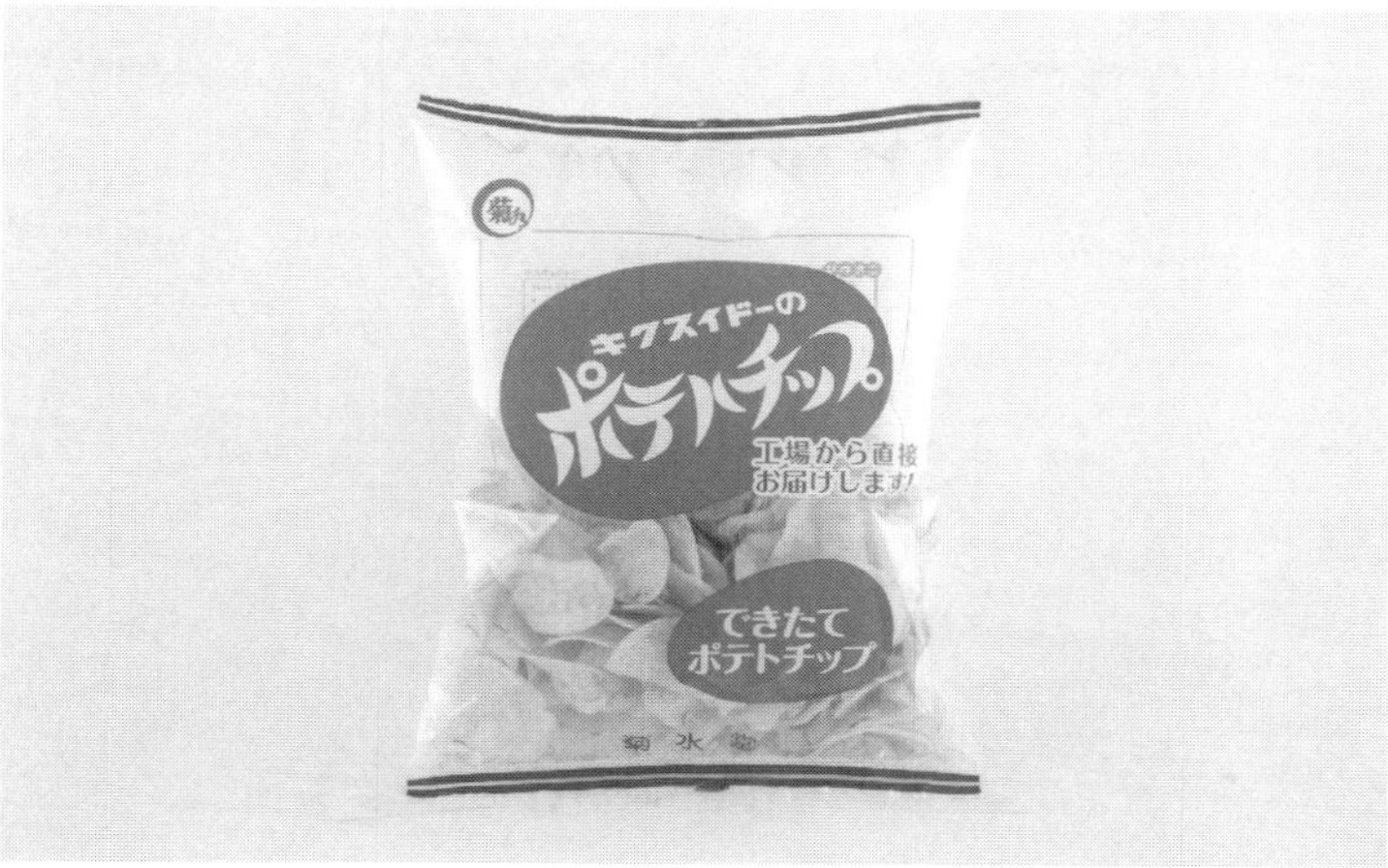

「できたてポテトチップ」

し当然。理由は第4章で説明する。

本書では、一般名称としての「ポテトチップス」は〝ス〟をつけて表記するが、商品名としての「できたてポテトチップ」や、関係者が〝ス〟抜きで発音したものについては、その通り〝ス〟抜きで表記する。

賞味期限はたった2週間

一般的なコンビニやスーパーで手に入る塩味のポテトチップスを食べつけている者が「できたてポテトチップ」を頬張ると、その素朴さ、普通さ、シンプルさに驚くかもしれない。

それもそのはず。他社製のポテトチップスの「塩味」の大半が、塩以外の調味料を味付けに使用しているところ、菊水堂では本当に「塩」しか使用していない。つまり、「できたてポテトチップ」の原材料はジャガイモ、揚げ油、塩のみなのだ。当然ながら、合成保存料や食品添加物も一切入っていない。しかも、その食塩相当量（塩分重量比）は0・7%と、他社製の一般的な塩味のポテトチップス（0・8%〜1%前後）[*2]より低い。それゆえジャガイモそのものを味わっている気分になる。

「シンプルである」という食味は、決してネガティブに働かない。「できたてポテトチップ」は、最初に口に入れる1枚目のインパクトで比較すれば、濃厚ではっきりした味付けの他社製ポテトチップスに負けるかもしれないが、2枚目、3枚目、あるいは5枚目、10枚目と進むにつれて、チップスを口に運ぶ手が止まらなくなる。ずっと食べ続けたくなる。

理由のひとつとして考えられるのが、揚げ油に使用している米油《こめあぶら》だ。米油とは、玄米を精米してできる米糠《こめぬか》から抽出される植物油。スナック菓子に多用されるパーム油（アブラヤシの果実から得られる植物油）に比べて値段が高いが、パーム油に比べて食べた後に胃がもたれにくい。日本の多くのポテトチップスメーカーは米油とパーム油を混合した揚げ油を使っているが、菊水堂は他社に比べて米油の混合比率が高いのだ。

ただし、デメリットもある。米油はパーム油に比べて傷みやすい。

そもそも、ポテトチップスは揚げ油の酸化による品質の低下という宿命から逃れられない菓子だ。天ぷらなどと同じで、ポテトチップスも揚げたてが一番美味《おい》しい。そして、製造から時間が経てば経つほど味が落ちていく。それゆえ一般的なポテトチップスの賞味期限は6ヶ月程度だ。

そこにきて、菊水堂が設定した「できたてポテトチップ」の賞味期限は製造日からたった2

週間。しかも推奨は1週間以内である。米油を多く使っているゆえに他社製より味の劣化が早いことを加味しても、かなりの鮮度重視方針だ。少しでも味が落ちたものを食べてほしくない、という製造者の強い意志が感じられる。

したがって、問屋を介して全国の売り場に流通させるような〝時間〟はない。それでは他の大手メーカーのように、製造してから売り場に並ぶまでに最低1週間はかかってしまうからだ。それゆえ菊水堂は直販体制を敷く。製造日に即日配送し、最速で製造の翌日、遅くとも2日後に届ける。「できたてポテトチップ」が一部の特殊な流通を除いて基本的には通販、すなわち「お取り寄せ」でしか手に入れることができないのは、そういうわけだ。

ダイバーシティでインクルーシブな日本人の国民食

ポテトチップスの発祥は19世紀半ばのアメリカとされている。日本で本格的に販売された国産ポテトチップスの草分けは、先述したアメリカンポテトチップ社が１９５０年に発売した「フラ印アメリカンポテトチップ」だ。おやつとして大衆の口に入るようになったのは１９６2年の「湖池屋ポテトチップス のり塩」以降で、１８９０年代には食料雑貨店で販売されていたアメリカに比べると、かなり遅い。

しかし現在、日本人ほどポテトチップスが好きな国民はなかなかいない。日本はポテトチップス天国だ。どのスーパーマーケットやコンビニのスナック菓子コーナーに行っても、ポテトチップスは最も目立つ位置に置いてあり、最も多くの棚面積を占有している。

統計を見ても、国内で流通するあらゆるスナック菓子の4割以上をポテトチップスが占めている。[*3]また、日本人は欧米などに比べて「生食用《せいしょく》」消費（生ジャガイモの販売、もしくは農家の自家食）の割合が少ない。つまり、ジャガイモを自宅で料理して食べる機会はそれほど多くないが、[*4]ジャガイモを原料としたポテトチップスはよく食べる。しかも、その消費量は年々増えている。

さらに日本のポテトチップス商品の特徴として、国内のポテトチップスメーカーなど関係者が必ず挙げるのが、フレーバー（本書では「味付け」の意味とする）バリエーションの多様さだ。塩味、のり塩、コンソメという三大フレーバーを基本に、チーズ、バター、醤油《しょうゆ》、サワークリーム&オニオン、ブラックペッパー、柚子《ゆず》胡椒《こしょう》、ごま油、ガーリック、海老やレモン、黒トリュフほか、地域の特産品をフレーバー化したお土産用のご当地ポテトチップスもある。ここまでポテトチップスの味付けが多種多様なのは、世界でも日本だけだ。[*5]

品質面でも、日本のポテトチップスは世界一と言っていい。ポテトチップスを含むジャガイモについての国内有数の在野専門家である大谷号は、「もともと日本の菓子は、品質面や安全面の追求において世界的にも群を抜いている。外国のポテトチップスは1袋に数枚程度、黒ずんでいたり緑色のチップスが混ざっていたりするが、日本のポテトチップスは数袋に1枚程度。選別ひとつとっても海外のものに比べて一段上。ジャガイモ品種に対しても強いこだわりと高い意識を持っている」[*6]と評価する。

日本のポテトチップスほどダイバーシティ（多様性）を体現している菓子はない。激辛や濃厚といった刺激的なフレーバーから、オーガニックを意識したヘルシー系まで幅広く品揃えされ、老若男女問わずあらゆる年齢、あらゆる嗜好《しこう》の多様性を、商品ラインナップの幅広さで完全にカバーしているからだ。

しかも、それらは安い。多くは1袋百数十円から二百数十円という安価で買うことができる。持てる財力によって食す者を限定しない。非常にインクルーシブな（誰も排除しない）菓子であるとも言える。

国民の舌に合うよう独自進化を遂げたことで広く大衆に親しまれ、今や日本人にとってなくてはならないスナック菓子となったポテトチップス。同じように外国発祥ながら日本で独自進化を遂げたカレーライスやラーメンと同じく、ポテトチップスはもはや「日本人の国民食」と言っても過言ではない。

シェア0・3%の零細企業

そんなポテトチップス天国の日本において、2024年現在、ポテトチップスを一定規模以上で通年製造するメーカーは10社程度と推定される。[*7] そのうち、よく知られているのが、カルビー、湖池屋、山芳《やまよし》製菓、ヤマザキビスケット、深川油脂工業、菊水堂、松浦食品、福博食品（旧フクハク）の8社だ。

その筆頭は、国内ポテトチップスシェア7割以上という最大シェアを占めるカルビー。その後に「プライドポテト」で知られる湖池屋、「わさビーフ」で知られる山芳製菓などが続く。

菊水堂は8社の中で6番目。一般的なスライスタイプのポテトチップス国内シェアは2023年現在、0・3%前後しかない。[*8]

実は、1960年代後半頃には、国内にポテトチップスメーカーが100社前後も存在した。[*9] 1962年に湖池屋がポテトチップスを発売して以降、たくさんの中小菓子メーカーがポテトチップス市場に参入したからだ。

しかし、「かっぱえびせん」を1960年代に大ヒットさせて会社を急拡大させた広島のスナック会社・カルビー（当時はカルビー製菓）が、1975年にポテトチップス市場に参入して市場を席巻すると、零細ポテトチップスメーカーは次々と淘汰《とうた》された。カルビーの圧倒的な価格競争力と流通力に、ほとんどの零細メーカーは太刀打ちできなかったのだ。当時は湖池屋ですら大苦戦している。

こうして残ったのが、現在の約10社というわけだ。

ただ、疑問に思う方もおられよう。スーパーをはじめとした各種食料品店、コンビニ、観光地などで売られているお土産ポテトチップスにメーカー名の記載が見当たらなかったり、「販売者」表記に見慣れない会社名が記載されていたりするのを見かけたことがある、と。

しかし、それらを「製造」しているのは、やはりこれら「約10社」の工場である（販売者とは別に製造者としてクレジットされている商品と、されていない商品がある）。つまりOEM生産だ。コンビニのPB（プライベートブランド）商品も然《しか》り。大手コンビニのPBポテトチップスは、「約10社」のいずれかの会社が保有する工場ラインで製造している。

なお、菊水堂の売上の約3分の1はパルシステム（各地の生協団体が仕入れや商品開発、カタログ作成などを協同で行う事業連合）を中心とした生協向けポテトチップス、約3分の1がご当地の名産品を調味料として味付けた観光地向けお土産ポテトチップス、残りの3分の1が自社商品の通販だが、前2者は製造者名を大々的に謳《うた》わないOEM製品である。

つまり、我々は知らず知らずのうちに菊水堂のポテトチップスを食べている。

ポテトチップスは簡単に作れない

ポテトチップスはスナック菓子の中でも群を抜いてシンプルな製法の菓子である、だから誤魔化しが効かない——と述べた。これはどういうことか。

ジャガイモは野菜なので、同じ品種でも収穫場所や収穫時期によって大きさや味や水分量などの個体差にばらつきがある。そもそも、ジャガイモは1年中収穫できるわけではない。地域や品種によって収穫時期が異なる。

にもかかわらず、通年商品として供給されるポテトチップス商品は、いつでも同一の味、同一の食感を目指して作られており、その差異は、ほとんどの人にはわからない。いつ、どの工場で、どのジャガイモで作ったポテトチップスであっても同じ味になるよう、想像を絶する職人技的な調整がなされているからだ。

日本には四季がある。気温も湿度も一定ではない。同じ油の温度で同じ時間揚げても、その時の工場内の気温や湿度で出来上がりは変わってくる。菊水堂でも1時間ごとに外気温や工場内の室温を測り、揚げ時間などを細かく調整している。ポテトチップスは信じられないほどデリケートな菓子なのだ。

だから一朝一夕にポテトチップス製造への新規参入はできない。レシピと工場設備とジャガイモさえ確保できればすぐに製造できる――ような代物ではないのだ。

そう、ポテトチップスは簡単に作れない。先述の8社のうち、菊水堂を含む4社は1960年代から、3社は1970年代から、1社は1980年代からポテトチップスを作り続けている。昨日・今日参入したメーカーは1社もない。ポテトチップスは、何十年と蓄積されたノウハウがあって初めて、「世界一」の品質で作ることができるのだ。

しかし、不思議だ。菊水堂のような零細企業が、なぜ生き残っていられるのか。あらゆる業界で企業の淘汰が進み、上位2、3社しか生き残れないと言われる熾烈《しれつ》な現代資本主義社会において、芸術的・歴史的価値がものを言う工芸品や美術品でもない、「量産型の袋詰めお菓子専業メーカー」が、一体なぜ存続できているのか。

安価な大量生産が求められるスナック菓子は、その性質上、製造の規模感がものを言う。大きな設備で大量に作れば単価を下げられる。大量に作って安く卸し、スーパーやコンビニの「棚」をたくさん確保できれば、それだけ販売機会が増す。賞味期限が存在し、新製品が次々と投入される菓子ゆえ、システム化された大規模な流通に乗せる必要もある。なにより原料のジャガイモを大量かつ安定的に生産・確保するルートも必要だ。いずれにしろ資本力がものを言う。

カルビーはこれらを固めたことで、1975年という比較的後発の参入ながら、市場を制することができた。その一方で、零細ポテトチップスメーカーの多くは淘汰された。菊水堂とて、規模感では大手メーカーに到底太刀打ちできない。

しかし、現に会社は残っている。シェア0・3%なのに、なぜか残っている。

岩井清吉という稀代《きだい》の菓子職人の生涯を紐解《ひもと》くとともに、そんな「菊水堂存続の理由」を明らかにするのも、本書の狙いのひとつだ。

巨人の視点、蟻の視点

ところで、「国産ポテトチップスの立役者」が誰なのかについては、一般的には3人の人物が「正史」として定着している。

ひとり目は、濱田《はまだ》音四郎《おとしろう》（1911－没年不明）だ。

音四郎は和歌山の網元の子として生まれた。日本郵船に入社し、1934（昭和9）年に乗船した客船がハワイのホノルルに寄港した際に下船したが、出港に乗り遅れ、そのままハワイに定住。その後、現地の工場でポテトチップスの製造ノウハウを学び、起業する。終戦ののち日本に帰国し、1950年にアメリカンポテトチップ社を設立して「フラ印アメリカンポテトチップ」を日本で販売した。ただし、一般の菓子店などでは売られず、米軍施設や米兵が出入りする店、あるいはバーやホテル、ビアホールなどで出されるおつまみとして流通されるのみだった。

ふたり目は、湖池屋創業者の小池和夫《こいけかずお》（1927-2009）だ。長野県諏訪市出身の小池は、和菓子屋勤めのセールスマンだった。1953年に独立・創業して酒のつまみを製造・販売し、1958年に湖池屋を設立する。ある日、仕事仲間とたまたま行った飲み屋で出されたポテトチップスに感動し、「こんなにおいしいものを、もしお菓子くらいの値段で大量に作ることができたら、すごく売れるだろう」と考え、製法から何から独力で開発。1962年に「湖池屋ポテトチップス　のり塩」を発売する。「おやつとしてのポテトチップス」の嚆矢《こうし》だ。ポテトチップス市場が「産業」として産声をあげたのはこのタイミングである。

3人目は、カルビー創業者の松尾孝《まつおたかし》（1912-2003）だ。1949年、松尾が松尾糧食《りょうしょく》工業として広島県広島市に設立し、その後社名を変更して現在に至るカルビーは1964年、小麦粉とエビを主原料とするスナック菓子「かっぱえびせん」を発売し、大ヒットさせる。「かっぱえびせん」で会社を大幅に成長させた松尾は、市場が伸びつつあったポテトチップス市場に着目し、1975年に参入。他社よりも安い価格設定、大規模物流、鮮度政策の徹底、TVCMなどで一気に売上を伸ばし、市場を爆発的に拡大させた。

日本のポテトチップス産業史を大掴《おおづか》みしたいなら、この3人と彼らが率いた会社のあゆみを押さえておけば、おおかた事足りるだろう。実際、近年はカルビーと湖池屋だけで国内ポテトチップスシェアの9割前後を占めると言われている。

ただ、これは「巨人」の視点だ。全体を俯瞰《ふかん》はできるが、地を這《は》う小さき者たちの蠢《うごめ》きや悲喜こもごもまでは、観測することができない。小さき者たちが何を思い、何に悩み、何を生み出し、歴史のうねりとどう向き合って関わり、あるいは人知れず歴史に影響を及ぼしてきたかまでは、捉えることができない。巨人が一瞥《いちべつ》もせず踏み進んでいった土の上に、どんな種を蒔《ま》き、どんな花を咲かせ、どれだけ多くの人に福音を運んだかまでは、知ることができない。「蟻《あり》」の視点からでなければ見えてこないポテトチップス史がある。必要なのは岩井清吉という名の、小さき、しかしバイタリティあふれる蟻の視点だ。

ノスタルジーにあらず

１９５０年代後半からの高度経済成長、１９６４年の新幹線開通、１９７０年の大阪万博、１９７５年の沖縄国際海洋博覧会、１９７０年代後半のピンク・レディーブーム、１９８０年代の激辛ブームやバブル景気、１９８０年代から90年代のコンビニや大型スーパーの台頭、そして近年のＩＴ環境の整備や食品のヘルシー志向。これらはすべて、菊水堂という会社の歴史に少なからぬ影響を及ぼしている。

本書は、60年にわたってポテトチップスを作り続ける小さなポテトチップスメーカー、菊水堂の創業者・岩井清吉の評伝だが、１９３０年に生を受け、15歳で終戦を経験し、10代のうちに上京して裸一貫から商売をスタートさせた清吉の商売のありよう、社会との関わりようを追うことは、戦後の日本社会を追うことにも等しい。

ただ、それは単なる昭和懐古、ノスタルジーではない。

令和に生きる私たちは、あらゆる企業間競争において、「規模こそ正義」の洗礼を受けてきた。規模はスケールメリットを生み、物の値段を安くし、効率化を促進し、経済を発展させた。結果、小さな存在は小さな存在のままでは存続できなくなった。小は大に吞《の》み込まれ、その大も、より大きな大に吞み込まれる。資本主義の行き着いた先だ。

しかし、小さな存在が小さな存在のまま存続する方法があるということを、岩井清吉は生涯をかけて証明した。壊滅的敗戦から経済大国に成り上がったものの、そこから再び脱落しつつある現在の日本で、清吉の〝破天荒な〟生き様に視線を向けることには、何かしらの意味を見いだせるものと信じる。

なお、「破天荒」は誤用の多い言葉で、本来の意味は「誰も成し得なかったことを初めてすること」だが、現代においては「豪快で大胆、奔放で型破り」の意味で使用する人があまりにも多いため、それはそれで一定の市民権を得てしまっている。そのような誤解も孕《はら》んだイメージの揺らぎ、辞書の正しい定義を越えて人々に与える印象の幅広さも含めて、「破天荒」は岩井清吉という人物に相応《ふさわ》しい形容であるように思う。

地を這う蟻の目から見た、日本人の国民食たるポテトチップスの誕生譚《たん》。手触り感のある戦後大衆史。正史に綴《つづ》られざる口伝の秘話。そして、唯一無二の菓子職人の物語に、しばしお付き合いいただきたい。

目次

装丁　國枝達也

第1章　馬山村

1932年6月に撮影された群馬県下仁田町の中心街（毎日新聞社保有）。

写真：毎日新聞社／アフロ

※馬山村は1955年に下仁田町と合併した。

開国と養蚕

1853年は、ペリー率いるアメリカ合衆国海軍東インド艦隊4隻が、日本の浦賀に来航した年として知られる。翌年、日米和親条約が締結されて日本は開国。諸外国との商取引がスタートした。

開国をきっかけに、日本で急速に発展した産業があった。養蚕業《ようさんぎょう》だ。人間によって家畜化された昆虫である蚕《かいこ》の繭《まゆ》から、絹《きぬ》の前段階である生糸《きいと》を生成する商売である。当時、ヨーロッパでは蚕の病気が蔓延《まんえん》していたため、日本の蚕種《さんしゅ》（蚕の卵）や生糸は大いに求められた。蚕種や生糸が日本の輸出品目全体の80％以上に及んだ時期もある。

1868年に徳川幕府が倒れると、明治政府は西洋諸国に対抗すべく、機械制大工業をはじめとした新産業の育成に力を注ぎ始める。いわゆる殖産興業だ。

明治政府は1872（明治5）年、さらなる生糸品質の向上と生産量の増大を求めて、群馬県富岡市に富岡製糸場を建設した。フランスから技士を呼んで器械製糸技術を導入した、日本初の官営製糸場である。上州すなわち群馬県はもともと養蚕業が盛んな地域だったが、富岡製糸場の建設によってさらなる発展をみる。

1909（明治42）年には、日本の生糸輸出量は世界一となった。さらに第一次世界大戦（1914－19）を経てアメリカの経済が発展し、絹の需要が飛躍的に高まると、日本の養蚕業は絶頂期を迎える。当時は全国の農家の4割が養蚕を行うほどの養蚕バブルだったが、中でも群馬、長野、山梨は農家の７割が養蚕農家だった。[*10]

話はここから始まる。

群馬県の南西部に位置する下仁田《しもにた》町《まち》。東は富岡製糸場のある富岡市と接し、西は長野県との県境。２０２４年現在の名産は、太く短い外観が特徴の下仁田ネギや蒟蒻《こんにゃく》だが、かつては養蚕業も盛んだった。

下仁田町で営まれていた養蚕は、富岡製糸場の器械製糸ではなく、昔ながらの座繰《ざぐり》製糸。下仁田の繭は良質で、関東でも一、二を争う上等品だったという。

開国をきっかけに空前の繁栄を達成した養蚕業。その絶頂期ともいえる時期の下仁田に、岩井清吉は生を受けた。

馬山村の岩井清吉

岩井清吉は１９３０（昭和５）年７月14日、群馬県北甘楽《きたかんら》郡《ぐん》馬山村《まやまむら》安楽地《あんらくじ》に、[*11] 農業を営む岩井菊司《きくじ》（１８８９－１９４７）ととみ（１８９９－１９７４）との間に三男として生を受けた。馬山村は、現在で言うところの下仁田町馬山地区にあたる。

下仁田の養蚕業と言えば、世界遺産にもなっている国内最大の蚕種貯蔵施設・荒船風穴《あらふねふうけつ》が観光名所として知られている。荒船風穴は１９０５（明治38）年、下仁田の養蚕農家である庭屋静太郎が建設した。

風穴とは、涼しい風が常に吹いている岩穴のこと。言わば天然の冷蔵庫である。従来、蚕の飼育は年に1度、春にしかできなかったが、風穴によって人工的に蚕種を保存する技術が発達した結果、夏や秋にも飼育が可能となり、生糸の生産量が飛躍的にアップした。夏と秋は農閑期なので、農家が養蚕と農業を両方手掛けやすくなったというわけだ。

馬山村の多くの農家も、農業と並行して養蚕や酪農を手掛けていた。清吉の生家も然り。養蚕業を営む農家の建物は大体同じ造りで、2階が作業場。多くの家に糸取りや機織りの機械が置いてあった。彼らは農作業の合間に養蚕の内職を手掛け、それが各家庭の重要な収入源となっていた。

酪農にしろ畜産にしろ養蚕にしろ、相手は「生き物」である。だから四六時中休まる暇がない。どの家も、家族総出で24時間働く。よって、男性はもちろん女性の労働力も重宝された。上州が「かかあ天下」と言われるのは、彼女たちの労働力が養蚕業を支え、それによって高い世帯収入がキープされていたからだ。

1970年代に10代をすごした菊之は言う。

「父に連れられて郷里に帰省すると、親戚は本当に24時間みんな働いていた。威張っている男なんて、ひとりもいなかった」

のちに岩井清吉の妻となる岩井まさ子（1933-2024）も下仁田地区の生まれだが、彼女も子供の頃から養蚕業を手伝っていた。当時は浅間山がよく噴火しており、火山灰が蚕の食料である桑の葉に大量に降りかかる。蚕がそれを食べると死んでしまうので、近くの鏑川《かぶらがわ》まで行って水を汲《く》み、その水で葉を洗っていた。

鯉の生き血

清吉の上にはふたりの姉とふたりの兄がいたが、すぐ上の兄は清吉が1歳のとき、わずか3歳で亡くなった。さらに9歳上の長姉は、清吉が5歳のとき胸を患って亡くなった。製糸工場に勤める、まだ14歳の年端もいかぬ少女であった。その後、清吉の後にはふたりの弟と3人の妹が生まれる。

清吉は幼い頃、体が弱かった。身長も低く、心配した両親は鯉の生き血を飲ませて精をつけさせた。「この子は、兄のように死なせてはならない」

幼い清吉が大病を患ったとき、母・とみは幼い清吉を背中におんぶしたまま上信電鉄に乗り、病院まで連れて行ったという。家から一番近い千平駅《せんだいら》から終点の高崎まで、現在なら1時間弱だが、当時はもっとかかっただろう。自宅から病院までドアtoドアなら、さらにもっとだ。高崎で診察した医者は驚いた。「あんた、ここまでずっとその子をおんぶしてきたのか？」

清吉の10歳下の妹、黛《まゆずみ》君江（１９４０－）は言う。「母は山奥の生まれだから、嫁ぐまで電車なんて乗ったことがなかったはず。当時は兄さんを助けたい一心だったんでしょう」

高崎～下仁田間を通る上信電鉄の千平駅は、下仁田の次の停車駅だ。上信電鉄の開通は１８９７（明治30）年（開通当時は上野《こうずけ》鉄道）。国内の私鉄としては、愛媛の伊予鉄道に次いで二番目に早い。富岡製糸場をはじめとする養蚕・製糸業の発展に伴い、物資輸送の必要が生じたために通された。

当初は蒸気機関の軽便鉄道としてスタートした上野鉄道だが、それだと線路幅の異なる高崎で国鉄と貨車の相互乗り入れができない。生糸をはじめとして石炭や鉄鉱石などを東京に運ぶのに、これは大きなネックとなる。

そこで1924（大正13）年に軌間拡張と電化が実現され、社名を上信電鉄に変更。国鉄高崎線とレールがつながれて貨物の相互乗り入れが実現した。それまで客車の後ろに貨車を連結した客貨混合列車だったところ、客車と貨車が別運行となり、人とモノの往来が飛躍的に活気づいたのである。

結果、富岡製糸場に出入りする外国人技士も下仁田をよく往来していた。そのためか、清吉の妻・まさ子の父である岩井篤之助《とくのすけ》（1896－1982）は、当時の農業従事者としては珍しく英語をある程度解することができたという。

没落する岩井家

清吉の父・菊司の水田は、碁盤の目のように真四角だった。菊司は暗くなるまで畑にいる働き者で、几帳面《きちようめん》で、手先が器用。こしらえる藁草履《わらぞうり》は大変に柔らかいと集落でも評判で、箪笥《たんす》やリヤカーなども自作していた。

何もかもがうまくいっていた。しかし、暗雲は突如立ち込める。

1929年の世界恐慌で生糸や繭の価格が世界的に大暴落。1935年には米デュポン社がナイロンを発明し、靴下に使う生糸の需要を侵食していった。その極めつきが、1941年に勃発した太平洋戦争である。

アメリカをはじめとした欧米の多くの国を敵国とした日本は「蚕糸業統制法」を制定し、生糸輸出を禁止する。結果、１９３９年から１９４７年までの8年間で、国内の養蚕業は急速に衰退した。最盛期に比べて桑園は60％、繭生産はなんと26％にまで縮小してしまう。[*12]

下仁田で養蚕を手掛けていた農家は皆、大打撃を食らい、収入が激減した。瞬く間に窮乏し、各家々は戦争末期にかけて次々と傾いていった。

傾いたのは養蚕業従事者に限らない。養蚕業によって潤い、金が回っていた地域経済全体が駄目になったことで、質屋や物流など、あらゆる商売が連鎖的に行き詰まっていった。

当時の菊司は分家した岩井家の三男だったが、本家を守っていた。長兄は信州方面で新事業を行うため家を留守にしており、次兄は養子に出ていたためだ。その本家の土地が、養蚕業衰退のため4反歩（１２００坪、約４０００平米）差し押さえられたため、菊司は借金の返済に奔走する。この時、まさ子の母方の叔父は、破産して夜逃げを余儀なくされた。

当時まだ13、4歳だった清吉は、集落全体を襲ったこの惨状を、嫌というほど目に焼き付けた。

多感な思春期に身をもって経験したパラダイムシフト（その時代に当然と考えられていた認識や価値観が劇的に変化すること）が、その後の人生の価値観を決定し、何か新しいことをなす力の源になることは往々にしてある。俗に言う「厨二病《ちゅうにびょう》」とは、その時に確立された切れ味の鋭い感性、そこで固まった青々しい価値観や人生観が大人になっても引きずられている状態のことを指すが、この厨二病が良い方に作用すれば、他の人間が到底なし得ない大きなことを成す。

清吉の胸に去来したものが何だったのか、今となっては知る由もない。ただ、後年清吉が周囲に語った言葉から、推測はできる。清吉は菊之をはじめとした子供たちに「勉強なんかするな」と言っていた。戦前を生きた岩井の親族には高い学歴を持つ者も多いのに、なぜ……と、菊之は清吉の真意を長年はかりかねていたが、清吉が亡くなってからは、こう考えるようになった。

「戦争が産業を破壊した。戦争が自分たちの生活を一変させた。どれだけ優秀で学のあった人間も、その悲劇を回避することができなかった。学校の勉強なんて、産業全体の衰退を前にしたら、何の役にも立たない。父はそう考えていたのかも」(菊之)

清吉の7歳下の弟・金造(1937-)によれば、清吉の父親・菊司も同じようなことを言っていた。

「親父(菊司)に勉強を教えてもらいたくて質問するんだけど、『勉強なんてしなくていい』って言われたよ。当時、鉄道会社に勤めてるサラリーマンが周りにぽつぽつ現れるようになってたけど、夏の夕方5時とか6時のまだ明るい時間に彼らはもう帰ってくるわけ。8時間勤務だからね。でも私らはまだ働いてる。だから親父は言ってた。あいつらは怠け者だって。勉強してサラリーマンになっても、ろくなもんじゃねえって。そういうのを兄貴(清吉)も散々聞いて育ったから、染み付いたんじゃないかな」

国によってある産業が奨励され、それに生活基盤を乗せたと思ったら、突然はしごを外される。養蚕業と共に発展し、養蚕業と共に衰退した馬山村の人たちは、岩井の家々は、国の政策に翻弄された——と見ることもできる。

「自分以外の誰か、あるいは何か」という大きな存在に翻弄されることなく自分や家族を守るには、「自分以外の誰か、あるいは何か」に頼ってはいけない。自分で基盤を立ち上げるしかない。既存の仕組みに乗るのではなく、自分で仕組みを作り、自分で商売を創り出すしかない。他の誰もやっていないことをしなければ。

清吉少年の胸に小さな火が灯《とも》り始めた。

芋羊羹を売りまくる

菊司は終戦から2年後の１９４７年6月3日午前4時、58歳で突然死した。胃痙攣《けいれん》もしくは心臓発作だったと伝えられている。借金返済のための奔走が心身を弱らせたのかもしれない。岩井の分家には、菊司の妻・とみと、当時16歳だった清吉を含む8人の子供たちが残された。

金造が当時について語る。

「親父が亡くなったとき、一番上の姉が22歳か23歳で、一番下の妹が4歳か5歳。それできょうだい8人。当時、肋骨《あばらぼね》が出放題に痩せこけた牛を２００円で買ってきて、みんなで一生懸命世話をして、草をあげて、乳を搾《しぼ》って、牛乳を売った。農業と酪農、再開した養蚕をローテーションでやってたから結構うまくいって、分家の割には食えたと思う」

その牛の初代の乳搾り係が清吉である。1日たりとも欠かさず、朝晩搾り続けた。毎日搾らないと、牛が乳房炎を起こして死んでしまうからだ。

牛のエサになる草について、清吉はちゃっかりしていた。まだ草を刈っていない他人の畑に行って、食べさせていたのだ。どうせ刈ってゴミになるんだから有効活用だ、と言わんばかりに。

清吉は戦時中に尋常高等小学校（現在で言うところの中学1年と2年）を卒業するが、成績は中庸で、長兄の量平（1926-2019）には及ばなかった。

が、すぐに抜群の商才を発揮することになる。

とみの一番下の弟に善太郎《ぜんたろう》という、清吉の叔父にあたる人物がいた。この善太郎叔父も同じく下仁田の生まれで、戦前から東京の日暮里《にっぽり》で上州屋というこんにゃく問屋を営んでいた。なぜ群馬の人間が日暮里に店を出しているのか。日暮里には大正時代から続く繊維街がある。生糸のつながりで縁があったのだろう。

太平洋戦争が激しくなると、善太郎叔父は疎開して馬山村からほど近い富岡市上小林《かみこばやし》に商売の拠点を移し、サツマイモで作った芋羊羹《ようかん》や小豆で作った水羊羹、アイスキャンデーなどの製造をはじめた。これらは日暮里時代にもこんにゃく卸しの傍《かたわ》ら、作り、売っていたらしい。

そこで清吉は尋常高等小学校卒業後、家計を助けるため善太郎の商売を手伝うことにする。芋羊羹の引き売り（いわゆる行商）だ。これが、売れに売れた。

金造は、昨日のことのように当時を振り返る。

「兄貴はその日に売れると踏んだ芋羊羹を自転車の荷台に2段、3段で箱積みして、村々の家が集まっている所まで売りに行ってた。田舎だし、当時は甘いものなんてほとんどなかったから、そういうお菓子が貴重でね。人がすぐ集まってくる。夕方、売れ残ったやつを僕らきょうだいに持ってきてくれるんだけど、それが嬉《うれ》しくてねえ」

清吉が引き売りをはじめた時点で、乳搾りは弟の正三《まさぞう》（1932-2007）の役目になった。清吉はコースを決めて引き売りをしていたが、考えなしに売り歩いていたわけではない。いつも買ってくれるのはどの家か。そこには何時頃行けばいいのか。どこに自転車を停めればいいか。すべて頭に入れ、最も売れる、最も効率的な回り方を考えていた。こうして得意先はどんどん増えていく。

やがて、清吉と善太郎は商売を広げることにした。家の近隣《の》だけでは売上もたかが知れている。磯部温泉のある安中《あんなか》市や県内随一の大都市・高崎まで足を延ばし、菓子店に卸して売ってもらうのだ。

ただ、馬山村や上小林から安中の磯部温泉までは、現在の道のりでも13、4km、高崎までは実に30km近くもある。

安中へは善太郎叔父と一緒にリヤカーを引いた。前が善太郎、後ろが清吉。ろくに舗装もされていない山道の行き来は想像を絶する重労働だったと思われる。リヤカーを停めて休んでいる隙に、荷台の弁当を盗まれたこともあった。

しかし、さすがは古くから中山道を往来する旅人に親しまれた磯部温泉だ。近所の村々で売るのとはわけがちがう。売上は申し分なかった。

高崎へはさすがに徒歩では向かえない。そこで一計を案じた。下仁田で搾った生乳を高崎方面に配達する車が毎日往復している。それに同乗させてもらうのだ。製造した芋羊羹と一緒に車に乗り、菓子店に納品したら、配達を終えたその車にまた乗って帰ってくる。既存物流に便乗したわけだ。

現在、清吉のきょうだいや親族の誰もが「清吉は商売のコツを芋羊羹の引き売りで覚えた」と口を揃える。まだ10代の若者が芋羊羹の売上を圧倒的に支えていたのは、周囲の誰もが知る明白な事実だった。実際、清吉と善太郎は安中や高崎の菓子店に飛び込みで営業をかけていたが、兄の量平が生前話したところによれば、善太郎より清吉のほうが話し上手、商売上手だったという。

「自分には商才がある」。清吉は確かな手応えを感じていた。

一斗缶いっぱいの金

馬山村時代の清吉について、金造は振り返る。

「親父（菊司）が死んで、母（とみ）が子供8人をひとりの手で育てなきゃなんなくなった。その大変さを、兄貴はしみじみ感じてたよ。自分がしっかりしなきゃ、自分が稼がなくちゃって。その思いやり。その一点が兄貴の人間を作った」

金造も、清吉の妹である黛君江も里見きよ（1942－）も、岩井家のきょうだい仲の良さを嬉《き》々として話す。

「上から下まで、みんな仲が良かった。南蛇井《なんじゃい》（地名）の姉さん（横田フク）から始まって、尻尾の尻尾、末の妹（里見きよ）までね。早くに父が死んじゃったから、きょうだいで支えあわないとって」（黛君江）

「本当に、きょうだいがいてくれてありがとうって思うわ。兄さん（清吉）は本当によくやってくれた。私たちのために」（里見きよ）

　やがて、清吉に思いもよらぬ転機が訪れる。

　戦後の食糧統制の中、近隣で製造していたあんパンを清吉が無許可で販売したところ、警察の摘発を受けてしまったのだ。まだ未成年だったため釈放されたが、清吉はそのまま地元で商売をすることができなくなった。

　そこで清吉は、思い切って東京に出ることを決意する。

　芋羊羹の引き売りで稼いだ金は、一斗缶いっぱいになっていた。馬山村を離れる際、その金を一斗缶ごと母・とみに差し出すと、とみは不安に駆られて周囲に漏らした。「倅《せがれ》は悪いことをやってるんじゃないか」

　とみは清吉に言った。

「お前、悪いことだけはするんじゃないよ」

　こうして清吉は馬山村を後にする。

なんという因果

養蚕業は戦争によって壊滅的な打撃を受けたが、遡《さかのぼ》れば、近代日本の養蚕業は最初から戦争に加担していた、とも言える。

先述したように、明治政府は西洋諸国に対抗すべく、機械制大工業をはじめとした新産業の育成に執心したが、その背景にあったのは紛れもなく「富国強兵」だ。国を富ませ、軍事力を強化する。

生糸の輸出によって外貨を稼ぐ目的で建設された富岡製糸場は、富国強兵を実現する大きな力となった。「生糸で軍艦を買い、日露戦争に勝利した」とはよく言われるが、実際、日露戦争の旗艦である戦艦三笠はイギリスからの買い物である。生糸の輸出で稼いだ外貨で日本は武器を買っていた。

そうして軍備を増強し、欧米列強に並ぶべく自信満々に「大東亜共栄圏」を提唱し、太平洋戦争に突入し、手痛く敗戦する。

ペリーの来航が引き金となって日本が開国しなければ、日本の養蚕業はここまで隆盛を極めず、これほどまでに外貨を稼いで軍備を増強することもなく、欧米列強に並びたいという野心から版図を広げようと戦争を仕掛けることもなく、善太郎叔父が疎開することもなく、清吉が磯部温泉や高崎に行って芋羊羹の引き売りをすることもなく、商才が開花することもなく、あんパンを売って故郷を追い立てられ上京することもなかった。

なんという因果。なんという数奇。風が吹けば桶屋が儲《もう》かる。バタフライエフェクト。ペリーが清吉を起《た》たせた。

ところで、ペリーが来航した１８５３年は、彼の故国アメリカで、ある〝事件〟が起こった年とされている。

場所はニューヨーク州の保養地、サラトガ・スプリングズのレストラン「ムーンズ・レイク・ハウス」。腕のいい雇われ料理人ジョージ・クラム（１８２５？－１９１４）が、わがままな客の要求に応じた末に、超薄切りのジャガイモを大量のラードでカリカリになるまで揚げ、大量の塩をふりかけて提供したところ、大好評を得た。

その料理は「サラトガ・チップス（Saratoga Chips）」という名前で正式メニューとなり、評判を呼んで遠方からも客が訪れるようになったばかりか、テイクアウト商品としても人気が出たという。[*13]

後の、ポテトチップスである。

第2章　東京

清吉（左）と正三（右）。独立後の1950年代後半と思われる。

バナナと清吉

清吉が上京した時期についての正確な記録はないが、あんパンの無許可販売時に未成年だったことを考えると18歳か19歳、1948年か49年頃だったと思われる。

東京に出た清吉はいくつかの仕事を遍歴するが、そのひとつだった八百屋は、バナナを盗み食いしてクビになった。

バナナ程度で……と言うなかれ。

清吉が上京した頃、日本でバナナは大変貴重な果物だった。バナナが現在のように大衆向けの安価な果物となったのは1960年代末、フィリピンのミンダナオ島に日本輸出用の専用農園が開発されて以降である。*14 1950年前後の時点で日本に出回っているバナナは、ほとんどが台湾産のものだった。

ただ、バナナは戦前から高価だったわけではない。台湾産バナナの本格的な輸入自体は、1903（明治36）年から行われており、大正期、昭和初期を通じて国内需要は増大、価格もこなれ、大衆の口にも入っていた。映画『男はつらいよ』で渥美清《あつみきよし》が演じた寅さんお得意の「バナナの叩き売り」は、少なくとも大正期には始まっていたようだ。日持ちがしないので、安売りしてでも早く売らなければならない。だから叩き売ったわけだ。

1932（昭和7）年には、東京・神田の青果市場で450gの房が6銭から10銭、同じく江東青果市場では375gの房が4・5銭から7銭ほどだった。当時、卵の価格が375g

（10個程度）で17銭だったことから考えると、やはりバナナは現在に近い大衆向けの果物だったことがわかる。

ところが、１９４１年に太平洋戦争が勃発すると、バナナの輸入量は激減。１９４５年の終戦時には国内流通量がほぼゼロとなる。その後は、日本に住む華僑《かきょう》によって在日米軍（進駐軍）向けに輸入が再開されたが、非常に高価な果物となった。

１９５０年頃の相場を調べると、当時の日本人の平均月収が１万円弱だったところ、バナナ１房６本程度で２５０円。現在の感覚で言えば、７、８０００円といったところか。まあまあの高級メロン並みである。清吉に盗み食いされた店主の怒りも当然であろう。クビになったのは、時代の必然である。

清吉は後年、この盗み食いについて息子の菊之に「どうしようもなく腹が減って、あんまりうまそうだったから」と笑いながら話した。

しかし菊之は思う。

「父は一度引き受けたらトコトンやる人ですから、八百屋で精一杯仕事はしていたけれど、働きを認められず、将来性もないと感じて、辞める口実として盗み食いをしたんじゃないでしょうか。しがらみや義理から、辞めたくても辞めることができない。だから辞めるための強硬手段として、そのような行動をとったのでは」

弟、金造の見方はこうだ。

「昔の八百屋は仕入れてきた大根やネギなんかを店先で洗って並べるから、真冬は水が冷たくて大変な作業だった。兄貴はそれが嫌だったんじゃないかな」

清吉が次に選んだのは、冷たい水ではなく、熱い火の前にいられる仕事。

瓦せんべい屋だった。

板橋の瓦せんべい屋

瓦のように湾曲《わんきょく》した四角形で、対角線上2箇所の角に切り欠きのある堅焼き煎餅。それが瓦せんべいだ。材料は小麦粉、卵、砂糖。つまり甘い。ちなみに、同じ材料をオーブンで焼き上げるとカステラになる。

瓦せんべいの元祖を名乗る神戸・亀井堂総本店の創業者である松井佐助が瓦せんべいを考案したのは、同社HPによれば「明治の初めごろ」[*15]、「小麦粉だけを練って作っていた和風のお菓子を参考に、高価で他の地方では入手しにくかった砂糖・卵等をふんだんに使い、洋風の味覚を醸し出した菓子を作り上げ」たという。明治維新と軌を一にして開港し、華やかな外国文化が流入する玄関口として機能した神戸なればこそ生まれた菓子だ。

清吉が門を叩いたのは、東京23区北西部の板橋に店を構える「菊水堂」という名の瓦せんべい屋である。就業の縁や経緯は定かではないが、ひとつ可能性として考えられるのは、芋羊羹の引き売りでたびたび訪れていた磯部温泉だ。

磯部温泉の名物は、小麦粉と砂糖を鉱泉水で練り上げて焼いた磯部せんべい。原料は瓦せんべいに似ている。原料仕入れ先のつながりか、せんべい屋同士のコネクションか。商売上手で人当たりのいい清吉のことだ。同郷のよしみで推薦なり斡旋《あっせん》なり紹介状なりがあって……と考えるのは自然であろう。

清吉は芋羊羹の引き売りによって、市井《しせい》の人々が甘いものに飢えていることを肌で感じ取っていた。それゆえに、甘い瓦せんべいにビジネス上の将来性を感じていたのかもしれない。修業に入った清吉は瞬く間に仕事を覚え、菓子職人として着々と腕を磨いていく。

ただ、清吉はずっと雇われ菓子職人でいる気はなかった。既存の仕組みに乗るのではなく、自分で仕組みを作り、自分で商売を立ち上げなければ。自分の足だけで起《た》たなければならない。養蚕業に翻弄された故郷のことを思えばこそ。「国策」という巨人の無邪気な歩みに、地を這う蟻は無力である。

であれば、巨人が歩かない道を探し、そこに城を構えるしかない。

菊水堂の店主には「３年修業したら独立させてやる」と言われていたが、後年の清吉が家族に語ったところによると、２年ほどで独立を許してもらったという。

記録によれば、清吉が独立したのは１９５３年5月。まだ22歳だ。金造の記憶「兄貴は何年も経たないうちに独立しちゃった」とも一致する。蟻は、働き者なのだ。

菊水堂の誕生

こうして清吉は、東京・三田で瓦せんべいの製造と販売を開始する。当時の住所は東京都港区芝北寺町《きたてら》9番地。東京23区の中央部より少し南、慶應義塾大学三田キャンパスにほど近い、

「遠藤新明」宅の3畳間を間借りしており、同宅の狭い土間に瓦せんべいの焼き台を置いた。

なぜ三田なのか。土地勘を優先させるなら、2年勤めていた菊水堂のある板橋周辺のほうが良さそうなものだ。しかも、国鉄高崎線が高崎（群馬）から大宮（埼玉県）を通っているので、故郷からのアクセスのしやすさを考慮するなら、東京の北部、やはり板橋や赤羽あたりで開業するのが自然であろう。

ただ、古巣と同じ商圏で同じ瓦せんべいを売れば、恩義のある古巣の商売を邪魔してしまう。清吉は義理と配慮を働かせ、あえて離れた。三田は板橋から新宿付近を経由して南へ13、4㎞は離れている。これなら邪魔しない。

清吉が独立直後の1953年6月から同年10月にかけてつけていた日記が現存している。それによれば、独立時の屋号は自分の名前を取って「岩清《いわせい》」としていたようだ。日記にはこうある。

「僕は自分の名前は三年前まではあまり好きでなかったが、この頃は非常に好きになってきた。最初は入れ墨にしようかと思ったが、後で後悔すると山口様に言われてやめ、今度は指輪にしようと思ったが、どうも僕には似合わんと思ってこれに至ったのである」（6月19日）

＊日記引用部は読みやすいよう、旧仮名遣いから現代仮名遣いへの変更、句読点の追記、誤字や送り仮名の修正、平仮名表記の漢字表記への書き換え、漢字表記の平仮名表記への書き換えなどを施した箇所がある（以下同）

ところが独立して間を置かない時期に、古巣の菊水堂が廃業する。そこで清吉は、元の雇い主から屋号を貰い受けることを思い立つ。

その経緯については、2011年4月21日に清吉が出演したラジオ番組『毒蝮三太夫《どくまむしさんだゆう》のミュージックプレゼント』（TBSラジオ）の音源で確認できる。八潮の工場が生中継され、リポーターの毒蝮にマイクを向けられた清吉（当時80歳）は言った。

「（菊水堂の店主に）名前をくださいって言ったら、君なら喜んであげるって」

ちなみに「菊水堂」の謂《いわ》れについては、番組内で毒蝮が「菊水は楠木正成の紋」と説明している。「菊水」はいくつかの中国故事に登場する、長寿の妙薬を表す言葉だ。後漢末に応劭《おうしょう》が著した「風俗通義」には「甘谷《かんこく》に住んでいる人々が長生きなのは、菊の精分を溶かしこんだ谷川の水を飲んでいるから」と書かれている。

ただ、毒蝮が清吉に「そこのせんべい屋は楠木正成から取ったんだろ？」と確認がてら振ったものの、清吉は「よくわかりません」と答えている。その後、毒蝮はどうしても楠木正成の話に持っていきたいらしく、再び誘導尋問的に「菊水ってどういう意味なの？」と聞くが、清吉はやはり「それは聞いてないからわかんない」と答えて、思い通りの答えが引き出せなかった毒蝮をがっかりさせていた。

板橋の「菊水堂」の由来は定かではないが、少なくとも清吉自身は、貰い受けた屋号の意味について特に気にかけてはいなかったようだ。

ただ、16歳で亡くした父親の名前が「菊司」であることに、何かしらの縁や運命を感じていたのかもしれない。また、独立の4年後に生まれる第一子の名前を父親と同音異字の「菊之《きくじ》」

としたことからは、清吉の中で「商売」と「家族」が分かちがたい存在であったことが窺《うかが》える。

常に夢を見ているような気がする

清吉の日記には、映画鑑賞や箱根旅行といった休日のレジャー、手伝いに来たふたつ歳下の弟・正三との意見の対立、当時の気分などと交え、創業間もない「三田の菊水堂」の状況が記されている。

清吉は作った瓦せんべいを自分では販売せず、菓子問屋や菓子販売店に自転車で運んで卸した。高崎や磯部温泉への芋羊羹の納品と同じだ。

一口に瓦せんべいと言っても、清吉はさまざまなバリエーションを手掛けた。日記には、瓦型をしている喜楽煎餅ほか、鶏卵巻、味噌喜楽、味噌煎餅、ビンズ（豆）煎餅、七味煎餅、七味平形、七味格子、千代田巻という名称の菓子が登場するが、これらをすべて瓦せんべいと総称していた。なお鶏卵巻とは、卵を大量に使って丸型に焼き、有平糖（砂糖を煮て作る飴《あめ》、南蛮菓子の一種）を巻き込んだ煎餅だ。江戸巻せんべいとも言う。

板橋の菊水堂時代と同様、三田でも瓦せんべいはよく売れた。終戦からまだ8年。国民の食糧事情がそれほど良いと言えなかった当時の日本では、おやつどころか、十分な栄養価のある食事を摂れない庶民も多かった。小麦粉を主体とした瓦せんべいは、おやつというより安価な代用食に近い。作れば作っただけ売れる。八百屋を辞めたのは大正解だった。

ただ、独立直後の清吉はあまりにも若すぎた。本当の年齢が知れると商売相手が取り合ってくれないので、最初は年を誤魔化していた――と後年の清吉は菊之に語っている。

日記には、得意先の主人と晩酌した際、実年齢（23歳）を告げたところ、27、8歳くらいに老けて見えると驚かれた、とも綴られている。若いのに商売上手でしっかりしている点を得意先から褒められた――と解釈するのが妥当だが、当の清吉は「我の脳味噌の悪き事を思えばあまりうれしからず」と書いている。

歳上に見えても頭脳はそれに追いついていない、という自覚。これは卑屈さというより、若者特有の焦り、よく言えば向上心の現れとみるべきであろう。

日記の他の箇所には、こんな記述もある。


又、二十三回目の誕生を迎える年のためか、又、頭の脳味噌が悪く、変な事を心配しすぎるのか、いつでも僕は頭が悪く、気が小さいせいと思って、なお考えるせいだか、僕は全く分からない。（6月17日）

豪快で大胆な商売人としての顔で知られる後の清吉からすると、意外と言ってもいいナイーブな内面が現れている。「落書」と銘打った日記の冒頭からも、それは炸裂《さくれつ》している。

なぜ帳面を買ったか。悩みがあってか。字が上手になるためか。紳士になるためか。うさ晴しか。生存競争のため、人よりうぬぼれるためか。

でも又、外交で自転車に乗って、街路をよそ見をしながら通ると、猫の死、犬の死、一寸の虫の死を見ると、僕はいつも胸に何かづきんと、又はしいんと来る物がある。これをなんと物語って良いのか。

又、外を歩くと、紳士、淑女とは、いわゆる美人とは。

又、美とは、山を見、大きい木、幼木《小さい》、大きな家、小さな平長屋を見て、僕はこれを書こうと思い出したが、僕は只、優美でありたいと思う物であるが、僕はどのくらいの人間になるものであるか。常に夢を見ているような気がする。

石川啄木や宮沢賢治を彷彿《ほうふつ》とさせる、若き文学者の如き繊細で瑞々《みずみず》しい感性、その率直な吐露。自分はどれほどの人間になれるのか？　自らの存在を問い、自らに檄《げき》を飛ばす。耽美《たんび》な名文だ。この文章は、以下のように結ばれる。

それゆえか、僕には兄弟が八人いるので、誠に幸福であると思う。

清吉の心には、いつも強い絆《きずな》で結ばれたきょうだいがいた。彼らのために、なんとしてでも東京で成功したい。いや、しなければならない。

地を這う蟻のように

日記全体で目につくのは、非常に前向きかつポジティブで、多幸感に溢《あふ》れた書きっぷりだ。

（「岩清」の屋号について）「僕はこれを思う時は、ほんとに幸福だと思い、胸に何物が喜びと共にわくつくものを感づる僕は、幸福だ。葛歳（※筆者注「喝采」の当て字と思われる）」（6月19日）

「希望は満ちあふれていて、誠にこの世は興味があってならない」（6月22日）

「大学生には負けるものかと、意気込んでいる次第であるが」（6月24日）

「今日は何か頭がもやもやして書けないが、前途は中々明るいものである」（7月21日）

「我が前途は多幸であるのが目には見える様である。いや絶対に明るく見える」（8月3日）

早い段階で商売が軌道に乗っていた、あるいは軌道に乗る手応えがあったのだろう。実際、商売が多忙極まっているという記述は多い。

ただ一方で、「自分は幸福であると言い聞かせている」ように読めなくもない。商才に長《た》けているとはいえ、まだ22、3歳の若者だ。不安もあったろう。「自分は大丈夫だ、きっとやれる」。清吉は毎日の日記で自分と向き合い、自身を鼓舞していたのかもしれない。

日記の中で、清吉の人生観の断面が特に強く現れていると感じたくだりを紹介したい。19

53年6月25日から6月29日にかけて九州地方北部を襲った水害、通称「昭和28年西日本水害」に胸を痛めてしたためた記述だ。

「九州では甚だ大きな水害で死者三、四百名そのほか色々の害が出ているが、どうしてこんな貧国に災害が毎年来るのかと、ばかばかしい事を思い出す次第であるが、人間も天災には地を這う蟻と同じだと思ったが、この宇宙にはもっと大きな事があるのではないかと、唯、我々地球人にはわからなく、多くの星のうちには、これ又生存競争をしているのではないかと、いつでも思っているのであるが、我が考えは笑いにしか過ぎぬが、だがこの世は誠は恐怖の世とも言えると思う」（6月29日）

「人間も天災には地を這う蟻と同じ」「生存競争」に目が留まる。「生存競争」は、日記冒頭の決意文じみた「落書」にも書かれていた。好きな言葉らしい。

戦争という、いち国民にとっては事実上の〝天災〟によって養蚕業が衰退し、そこに依存していたばかりに多くの農家が苦境に陥った、故郷の馬山村。人間など、そもそも蟻のように無力な存在だ。この世は生存競争である。大は小を喰らい、あっという間に飲み込む。だが、自身が蟻であることは逃れられない。大きな者に蹂躙《じゅうりん》されないためには、強く賢い蟻であらなければならない。

生まれつき体が弱い者特有の、ある種のロマンチシズムが織り込まれた「生存への強い執着

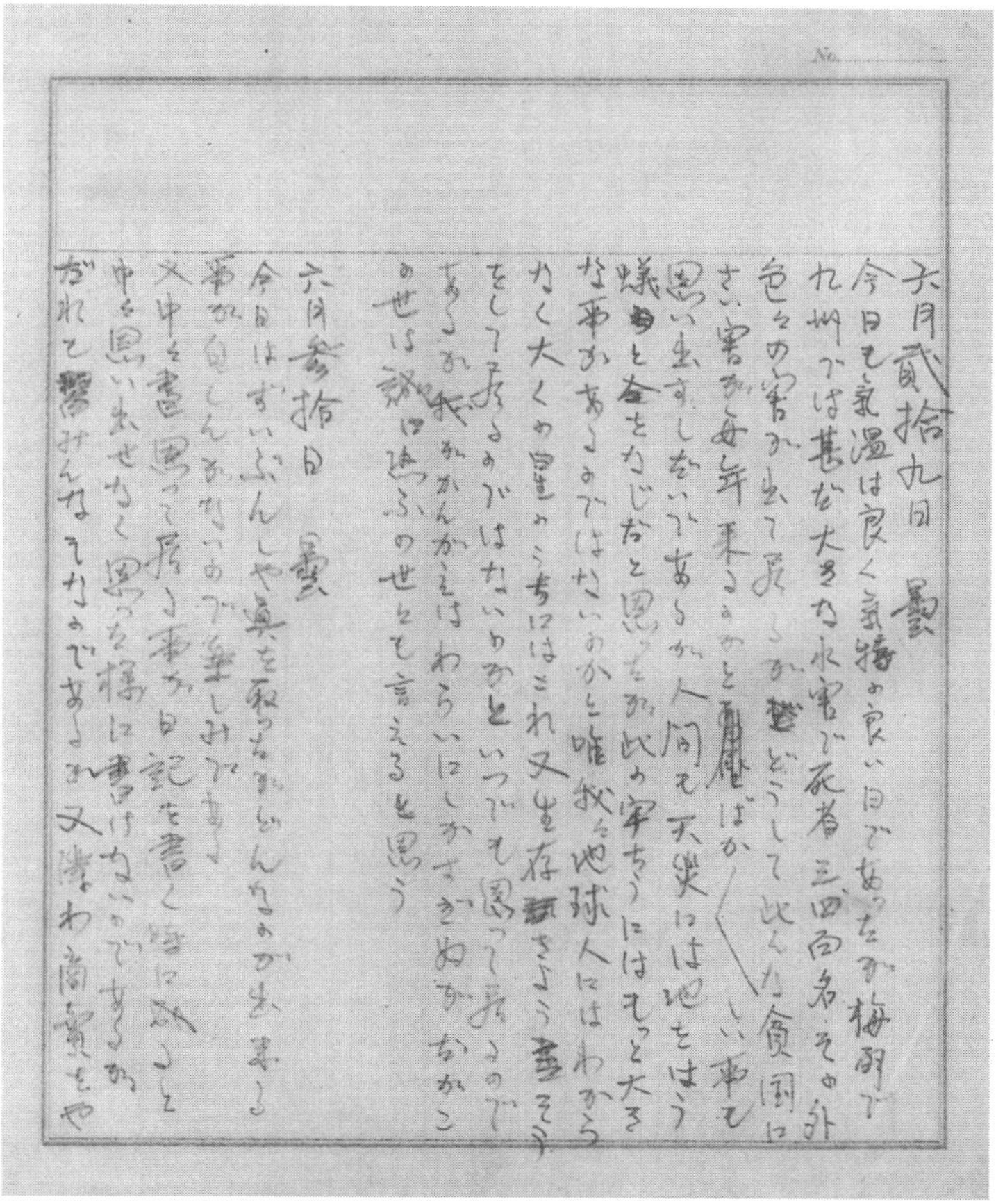
六月弐拾九日　曇
今日も気温は良く気持の良い日であったが梅雨で
九州では甚だ大きな水害で死者三四百名その外
色々の害が出て居るが[illegible]どうして此んな貧困に
さい害が毎年来るのかと[illegible]ばか　い事も
思い出すしないであるが人間も天災には地をはう
蟻[illegible]と会をなじだと思ったが此の宇ちうにはもっと大き
な事があるのではないのかと唯我々地球人にはわから
なく大くの星の方にはされ又生存[illegible]さよう[illegible]そう
をして居るのではないのかといつでも思って居るので
あるが私れわかんかえはわらいにしかすぎぬがなかこ
の世は[illegible]は述ふの世とも言えると思う
六月参拾日　曇
今日はずいぶんしゃ真を取ったがどんなのが出来る
事か自分でもわからないので楽しみである
又中々書思って居る事が日記を書く時になると
中々思い出せなく思った様に書けないのであるが
だれでも[illegible]みんなそうなのであるが又僕わ商売をや

清吉の日記。1953（昭和28）年6月29日、30日分。

心」の現れか。三田の地は、清吉の菓子職人としての技術だけでなく、一生を支配する人生観まで育んだ。

強く賢く働き者の蟻は、驚異的な速度でその力を蓄えていく。三田の3畳間は、すぐ手狭になった。

戸越銀座の端へ

東京都品川区の戸越、平塚、豊町《ゆたかちょう》にまたがるあたりに「戸越銀座」という名の商店街がある。全長約1・3㎞、店舗数は約400。2024年現在、関東では指折りの規模を誇る商店街だ。

その歴史は古い。1923（大正12）年の関東大震災で被災した東京・下町や横浜の商売人たちが、大崎（品川区）にほど近い工場地帯として発展しつつあったこの地に集まって盛《さか》りはじめ、4年後の1927（昭和2）年に東急池上線の戸越銀座駅が開業したことで、商店街が形成されたという。[*16]

実は、戸越銀座は全国に多数ある「〇〇銀座」の第一号だ。

このあたりは低地のため、昔から雨が降るたびにぬかるみとなっていた。そんな折、関東大震災で被災した銀座では、道路の舗装に使っていたレンガが破損したため、撤去してアスファルト化することになった。

そのレンガ製造元のひとつ、品川区に会社を構える品川白煉瓦《れんが》の創業者は、ぬかるみの悩みを伝え聞く。それならばと、銀座からレンガを譲り受けて道路に敷き詰めることを提案し、水はけの悪さは解消。比較的早く震災から復旧できた。この銀座との縁から、戸越に商店会ができる際に「戸越銀座商店街」と命名されたそうだ。[*17]

日記によれば、清吉は戸越銀座の菓子店にたびたび納品に行っていたようだ。三田からは直線距離で南に４、５km程度。自転車の配達圏内である。その菓子店がそれなりに大口の得意先だったのだろう。三田の３畳間では生産力に限界があると感じていた清吉は考えた。「どうせ広い所に移転するなら、得意先に近いほうが配達も楽だ」

清吉は、東西に延びる戸越銀座商店街の東端からもう少し先、貴船《きふね》神社のたもと近くにおあつらえ向きの物件を見つけて工場兼平屋の自宅を建て、菊水堂を住まいごと移転する。１９５４年のことだ。

当時の瓦せんべいは、練った小麦、砂糖、卵などの生地を、10枚程度の焼き型を使ってひっくり返しながら短時間で焼いていた。ただ、売れ行きが伸びたので手が足りない。

そこで清吉は弟の金造を呼び寄せた。金造が振り返る。

「実家は夏が忙しくて冬は手が空いているので、まず正三兄貴が三田へ手伝いに行った。僕が行ったのは中学を卒業した年で、工場が品川に移ってから。そこで飯炊きから電話番から何でもやるようになったら、兄貴としても便利になっちゃった。僕もそれならばと東京にそのまま居付いたんです」

郷里に仕事を斡旋する

飯炊きが重宝されたのは、その時点で既に「従業員が5、6人いた」（金造）からだ。「朝飯が終わったと思ったらすぐ昼飯の用意、昼飯が終わったと思ったらすぐ夕飯の用意。とにかく量が多いから、ネギは1本ずつじゃなくて束で買っていたし、大根も1把4本単位」（金造）

工場の従業員は群馬県出身者が多かった。清吉が東京で人を雇わず、郷里からの手配にこだわったからだ。

当時の下仁田地区は就職難が深刻化していた。全国どの農家でも同じだったが、兄弟の多い農家に生まれれば、郷里で長男以外が食べていくのは難しい。

「長男以外はいられないんですよ、田舎には」（金造）

清吉は菊水堂という「器」を使い、郷里の同胞たちに就職口という救済手段を提供した。

その際、菊水堂への就職に一役買ったのが、馬山村——1955年に下仁田町ほか近隣村と合併して下仁田町馬山地区となった——に残った清吉の長兄・量平である。周囲に「弟が東京で瓦せんべい屋をやっている。手伝ってくれないか？」と声をかけたり、富岡市の職安で求人募集をかけたりしていたようだ。かわいがっている弟の商売のために、量平は労を惜しまなかった。

地元から菊水堂に就職した若者の中には、のちに独立した人物もいる。

そのひとり、後年の高崎で「佐俣《さまた》製菓」の屋号で菓子店を営むことになる佐俣清三《せいぞう》（193

７－２０１１）は、菊水堂の社員第1号である。

清三はまだ10代の頃から清吉のもとで働き、清吉も絶大な信頼を置く右腕として清三を頼りにしていた。共通して名前に「清」が含まれるという縁が、ふたりを引き寄せたのかもしれない。屋号の「菊」といい「清」といい、つくづく名前の縁に引き寄せられる清吉である。

清三の息子・佐俣孝之《たかゆき》（１９６３－）は生前の清三から、菊水堂草創期に清吉と二人三脚で回していた時の話をよく聞かされていた。

「瓦せんべいは手焼きなので、昼飯どきでも火を絶やせない。ガスが切れない。初期は清吉さんと父の二人が交代でご飯を食べながら、ひっきりなしに焼いていたそうです。おかずがない時の昼食は、炊いた白米にマーガリンと醤油をかけて掻《か》き込んでいたと」

金造の記憶によれば、当時工場に瓦せんべいを焼く機械は5台程度。昼夜フル稼働させて焼き続けた。しかし職人ひとりが同時に見られる機械の数には限界がある。注文は伸び、製造が追いつかない。そこで清吉は、近所の鉄工所に協力してもらい、半自動の回転式連続瓦せんべい焼き機を開発して量産化を進めた。

商売は順調に回っていた。

布団とチッキ

清三をはじめとした多くの従業員たちは群馬からの上京組なので、当然ながら東京に寝泊まりする家はない。したがって皆、菊水堂に住み込みで働くことになる。その際、従業員の寝泊まりに必要な布団は、人繰りを担当した量平の指揮のもと、清吉の妹たちが準備した。黛君江は振り返る。

「ひとり採用して東京に行くとなると、その人の分の敷布団と掛け布団を岩井の家で作るのね。私もよく手伝った。昔の布団は、綿《めん》（綿わた／綿花を原料とする）を、真綿《まわた》（絹／蚕の繭を原料とする）で挟み込んで作ってたの。布団生地の上に真綿を敷いて、よく揉《も》んで、向こうとこっちで引っ張って、その上に綿を敷いて、その上にまた真綿を載せる。そうやって布団を作って、採用した人と一緒に電車で東京に運ぶわけ」

いわゆるチッキ便である。現在のような宅配便や安価な運送サービスがなかった時代、客室に持ち込めない大きな荷物は、別料金を払って乗る駅で預け、降りる駅で受け取る。人と荷物が同じ列車で移動する。現在の航空機における、「お預けの手荷物」と同じ。

従業員の採用にしろ、布団の手配にしろ、品川の菊水堂を馬山で支えていたのは、紛れもなく長兄の量平だった。言わば菊水堂の馬山支社長だ。その量平は晩年まで馬山の地を離れることはなかったが、生涯清吉のことを気にかけていたという。清吉の妻・まさ子に対して、しきりに「清《せい》は元気か？」と口にするのが常だったそうだ。

住み込みの働き手が増えると、平屋の工場はあっという間に手狭となった。そこで清吉は工場を2階建てに増築することにしたが、大工仕事も故郷の職人に斡旋《あっせん》している。馬山で空き家になっている農家の家屋を解体して建材を東京まで運ばせ、それで工場を建てたのだ。清吉はその作業を郷里の大工にわざわざ依頼した。

「地元の大工さんたちが建材を刻んでた。東京に持っていったらすぐに組み立てられるようにって。その大工さんごとトラックで東京に運ばれていった」（黛君江）

2階の増築中、金造は従業員と大工を入れて25人分の食事を毎日3食作っていた。

1階が工場、2階が食堂と住み込み社員の寝室。納品先もどんどん広がり、配達手段も自転車からオートバイやオート三輪、トラックに変わっていった。大繁盛だ。

この時期、デビュー間もない島倉千代子（1938－2013）が戸越銀座を営業で回ってきた。島倉は戸越銀座のある品川区内、北品川の出身。16歳で歌ったデビュー曲『この世の花』がいきなり大ヒットを飛ばした。菊之によれば、その島倉と清吉が一緒に写っている写真があったが、残念ながら紛失してしまったそうだ。

生涯の伴侶、右腕の伴侶

独立して3年ほど経つと、税務署が税務調査にやってきた。目をつけられるほど儲かっていたのだろう。それを機に、清吉は菊水堂を有限会社化する。1957（昭和32）年4月のこと。

話は前後するが、2階を増築した直後の1956年3月、清吉は同郷・馬山村の岩井まさ子と結婚した。

彼女の出自について、少々解説する。

まさ子の実家は下仁田一大きいと評判の大屋敷で、生業は質屋、つまり「担保を預かって金

配達用のオートバイと清吉（上）、配達用のトラックと菊之（下）。

を貸し出す」商売なので、実態は金融業である。戦中のある時期までは比較的裕福で、弁当に白いご飯を詰めて学校へ行くと「戦時中に贅沢《ぜいたく》だ」と先生に怒られたため、白米の上にサツマイモを散らして質素な弁当に偽装したという。その実家も、養蚕業の壊滅によって傾いた。金貸しは経済の破壊の影響を最も大きく受けるのだ。

まさ子は清吉と同じ岩井姓だが、先祖を遡れば同族、言ってみれば遠縁だ。親族は両岩井家を区別するため、清吉方を「馬山安楽地」の岩井、まさ子方を「馬山大塚《おおづか》」の岩井と称する。

清吉とまさ子が結婚した頃の田舎における結婚は、まだまだ「順番制」が色濃く残っていた。どの家もきょうだいが多く、「どこそこの家の2番目の娘、上の娘が去年嫁いだから、そろそろだな。そう言えば、どこそこの次男坊がいい年でひとり者だから、相手にどうだい？」といった具合。実際、まさ子の女きょうだいも年齢順に地元の男性と結婚していった。

まさ子の4歳下の妹・五十嵐靜子《しずこ》（1937‐）に、妹から見た清吉とまさ子の相性について聞くと、「別に。相性ったって」と素っ気ない返事。そういうものなのだ。実際のところ、量平が清吉とまさ子を引き合わせたらしい。なお、まさ子の兄・岩井昌一郎《しょういちろう》（1930‐2006）と清吉は同級生。まさ子の長姉・金井きよ（1926‐2020）と量平は小学校の同級生だった。

実は清吉の父・菊司は生前、馬山大塚の岩井にわらじ用の藁をよくもらいに来ていたという。まさ子は後年、義父にあたる菊司について息子の菊之に「菊司さんの作るわらじはすごく柔らかくて、履きやすかった」と話している。

結婚したまさ子は、品川の工場で金造の担当を引き継ぐ。従業員用の食事準備だ。結婚の翌年、1957年に第一子の菊之が誕生する。

まさ子と清吉の結婚を間近で見ていたのが、清吉の右腕・佐俣清三である。息子の孝之は、その時のことを父・清三から聞いている。

「父はまさ子さんがお嫁に来たとき、若くて綺麗《きれい》で、すごく羨ましかったと言っていました。それまでの菊水堂は男所帯で回していたから、なおのこと」

後に清吉は清三に、まさ子のすぐ下の妹・ようを紹介し、結婚に至らしめている。清吉が清三に抱く身内同然の信頼感が透けて見える。

佐俣家のその後を、少しだけ先に語っておく。

佐俣ようは1963年に長男の孝之を儲ける。清三、よう、生まれたばかりの孝之は一時期、一家で菊水堂に住み、清三は孝之が1歳になる前まで菊水堂で働いた。清三は足掛け89年にわたり草創期の菊水堂を支えた、最大の功労者である。ようは幼い孝之に「お父さんが菊水堂の屋台骨を作ったのよ」と言った。

ところが――。

1968年、ようは次男を産み落とすが、その直後、33歳の若さで夭逝《ようせい》する。お産が原因だったらしい。実の妹を若くして亡くした姉・まさ子の悲しみはどれほどのものだったか。

しかし、まさ子と同等かそれ以上に心を痛めたのが清吉である。清吉は、残された幼いふたりの息子たちの処遇について、生涯を通じて大きな責任を感じ続けることになるが、その顛末《てんまつ》は最後の章に譲ろう。

東京の出店として

清吉の妹・君江ときよは、東京で商売が繁盛している兄が時おり里帰りするのを、いつも楽しみに待っていた。

「私もきよも、いつも待ち遠しくてね。馬山では食べられないバナナやアボカドなんかを買ってきてくれた」（黛君江）

清吉が盗み食いして八百屋をクビになるほど高価だったバナナ。清吉の商売が軌道に乗る頃にだいぶ価格はこなれてきただろうが、それでも高級品だったことに変わりはない。今や妹たちにお土産で買えるまでに、清吉は東京で成功した。妹たちはこれを我が事のように喜んだ。

「アボカドの種を庭に蒔いたの。そしたら木が生えてきて、今でもあるのよ。あとはエジソンの伝記なんかも買ってきてくれた。私らが中学の頃かな。これ読めってね」（黛君江）

学校を卒業した君江は、清吉に呼ばれて2年ほど品川で働く。

君江が働き始めたのは、清吉とまさ子の第三子・進（1961－）が生まれるタイミング。この頃のまさ子は、彼女の大叔父で馬山村の助役であった松浦登《と》一《いち》（1889－1982）に経理を教わり、菊水堂の経理を担当していたが、第一子・菊之と第二子・和子（1959－）を抱えながらの第三子出産で目が回るほど忙しくなり、社員の国民年金保険料を三ヶ月分も未納にしてしまう。元来几帳面なまさ子にしてはありえないミスだったが、それほどまでに育児と仕事で手一杯だったということだ。そこで、君江がまさ子に代わって住み込みで食事の賄いを行った。

「お休みの日に清吉兄さんが、配達用のトラックで鎌倉の由比ヶ浜《ゆいがはま》まで行こうって言いだしたのよ。まさ子さんはお産で寝てるから、兄さんと私と菊之と和子の４人。運転席に兄さん、私が和子を抱っこして、その間に菊之を乗せて。道中、菊之と和子が飽きないように、兄さんは歌を歌ってくれた。私、海水浴ってものが初めてだったんですよ。群馬は海がないので川遊びはしてましたけど。へえ、海水浴ってこういうものなんだって」（黛君江）

清吉は労働力として血縁者を使ったというより、彼女たちに広い世界を見せ、見聞を広めさせたかったようだ。菊水堂を拠点に社会勉強の機会を与え、馬山では得られない人生経験を積ませたいという願い。

「日曜になると車に乗れって言って、いつもどこかに連れて行ってくれた。魚市場に行ったとき、まだ朝の早いうちだから、皆忙しく動いてるんですよ。私からすると、忙しく働いてる人を邪魔しちゃ悪いなと思って遠慮がちに歩くんだけど、そんなに遠慮するな、いいから歩け、なんて怒られたりして」（黛君江）

清吉はきょうだいだけでなく社員も家族同様に扱い、社員旅行としてさまざまな場所に連れて行った。海水浴ほか、皇居、箱根、日光の写真も現存している。

きょうだいや親族にとってとりわけ思い出深いのが、菊水堂の従業員たちも参加する富士山の登山だ。君江は「あれはもう、一生の思い出」と興奮気味に話す。

②

①

④

③

⑥

⑤

菊水堂従業員や親族との社員旅行。①最前列中央が菊之。②後列中央が清吉、前列右が佐俣清三、前列左が君江。③左端が正三。④最前列中央が清吉と菊之。⑤まさ子と清吉。⑥手前が正三。

「清吉兄さん、まさ子義姉さん、正三兄さん、きよ、私が参加したのかな。その前に清吉兄さんと正三兄さんが2人だけで登ってて、妹たちも連れてきたいって思ったらしいのよ。清吉兄さんの子供たち3人は連れてこられないから、近所に預けてね。東京を朝出て、1日目は8合目まで登って山小屋に宿泊。高度があるからお湯が沸騰しないの。ご飯が生煮えだったことを覚えてる。次の日は夜中の2時頃に起きて、頂上目指して歩きだしてね。頂上でのご来光が本当に綺麗だった。あれは本当に楽しかった」

まさ子の妹・靜子は、下の妹・清水千恵子（1940－）と共に君江たちとは別グループで登った。

「姉さん（まさ子）から手紙が来てね。富士山登るからおいでってって。私はまだ22か3で、富士山なんて登ったことなかったよ。それで千恵子と一緒に参加した。あれは7月1日の山開きだったかね。千恵子も私も登山靴なんて持ってないから、畑で履くわらじにわらじ掛《が》け（足袋《たび》）で、カッパ着て登ったよ。帰りは下り坂がすごくて、トントントンってね、飛び降りるみたいだった」

清吉は、自身とまさ子のきょうだいはもちろん、後年はその子供たち、つまり甥《おい》っ子や姪《めい》っ子の上京や大学進学にも援助を惜しまなかった。清吉方では、弟と妹の4人と甥っ子1人が菊水堂で仕事をし、甥っ子1人が菊水堂に下宿して東京の大学に通った。まさ子方では妹2人と甥っ子1人が菊水堂で仕事をし、甥っ子1人が同じく下宿して大学に通った。また、姪っ子2人が各種学校に通った。

表している。

「菊水堂は岩井家の東京の出店《でみせ》だった」という菊之の説明が、菊水堂という会社の本質を言い表している。

「境涯が大きい」男

スーパーマーケットのない時代、瓦せんべいなどの菓子は基本的にバラ納品だった。菓子は一斗缶などに詰められて菓子店に配送され、菓子店はそれをガラスの器などに移して店頭に出す。客には希望の量をグラム単位で量り売り。スコップで掬《すく》って紙袋やビニール袋に入れ、代金と引き換えに客に手渡すのだ。

納品先は人の集まる駅近くの店舗が多かったが、今のようなコインパーキングや店前にトラック搬入用の駐車スペースといった気の利《き》いたものはない。駅前で駐禁の違反切符を切られることは日常茶飯事。清吉は財布を持たない主義だったので、違反切符はズボンのポケットに常に入れっぱなしだった。

清吉が上野へ瓦せんべいを納品に行ったときのこと。上野駅のガード下に車を停め、まだおしめをつけた菊之をトラック車内に残し、車を離れた。納品を終えて戻るとトラックに警官が張り付いている。急いで戻ると、駐禁を取りに来た警官が菊之の子守をしてくれていた。

菊水堂が繁盛した時代の背景に、瓦せんべいをはじめとしたさまざまな菓子に対する庶民の渇望感があったことは確かだが、やはり大きいのは清吉の商才だろう。清吉は問屋の営業マンと一緒に小売店を回り、直接、商品の注文を取っていたそうだ。金造は語る。

「兄貴は本当に商売が上手で、特に営業外交は抜群だったよ。瓦せんべいって、どうしても夏に売上が落ちるんですよ。アイスとかビールに客を持ってかれちゃう。だから夏はなかなか注文が取れなくて、店からも問屋からも、今は無理、売れないよ、なんて言われちゃう。だけど、兄貴は絶対に引かないの。注文取って帰んないと従業員を遊ばせることになるからね。ジョークを飛ばして、相手を笑わす。それで相手がワハハって笑いだしちゃってさ。もういいよ、っつって根負けして、じゃあ20缶持ってきてよ、ってなる。それで従業員に給料を払える。ほんと、怖気《おじけ》づかない。僕なんかは怖気づいちゃって、つい小さくなっちゃうんだけど、兄貴は違う。相手を飲み込んじゃえるだけの図々《ずうずう》しさがあった。到底真似《まね》できないと思ったよ」

清吉を知る親族や経営者仲間の誰に聞いても、清吉が「超のつくやり手」であるという評価は一致している。

金造はそんな清吉を「境涯《きょうがい》が大きいっていうのかね」と形容した。「境涯」の辞書的な意味は、人間がこの世で生きてゆく上での境遇や身の上のことだが、「境遇」が一時的な状況であるのに対し、「境涯」はその人が運命的に背負っている、後天的に変えることのできない状況を指す。金造は清吉の器の大きさ、生来的な心の広さを「境涯の大きさ」という言葉で賛辞した。

熱海、運命の夜

清吉とポテトチップスとの出合いについては、前出『毒蝮三太夫のミュージックプレゼント』の音源で清吉自身の語りから確認できる。以下は毒蝮と清吉、スタジオにいる大沢悠里《ゆうり》とのやり取りだ。

毒蝮「で、おとっつぁん、なんで日本で最初に（筆者注：番組側の認識違いの可能性が高い）ポテトチップを作ろうと思ったの？」
清吉「昔はね、アメリカが先進国だったから、日本人は後進国で、アメリカを全国民が向いてたわけ」
毒蝮「なんかニュース解説みたい（笑）。おとっつぁん緊張しちゃって。あ、そうか。アメリカにね。昭和28年だよ（筆者注：これは菊水堂の設立年であり、間違い）、悠里ちゃん」
大沢悠里「もともと（ポテトチップスは）アメリカにあったんだろ？」
毒蝮「アメリカでね。ヤンキースや兵隊さんなんかが食べてたんだよな。アメリカの。それをなんで作ろうと思ったの？」
清吉「日本国民、アメリカをみんな気にして見てた。真似してた」
毒蝮「チョコレートだってなんだって、アメリカの大きなチョコレートで美味しいと思ったもん。ステーキだってなんだって。で、急に思いついたの？　ポテトチップ作ろうって。瓦せん

熱海への同業者慰安旅行（清吉が襖越しにポテトチップスの話を聞いた年のものではない）。最後列左端が清吉。

べい屋が？」

清吉「アメリカを向いてるのは、日本国民だから」

毒蝮「それは聞いたよ（笑）。きっかけは何だったのよ」

清吉「熱海のホテルで」

毒蝮「熱海のホテルで⁉　女と行ってたの？」

清吉「酒が飲めないもんだから。ちょっと飲むと酔っ払っちゃうもんだから」

毒蝮「熱海のホテルでどうしたの」

※ここで強引にCMに入る

清吉「進駐軍がこういうの食べてる。ジャガイモ薄く切って、それがとっても美味しいって」

毒蝮「襖《ふすま》越しに聞いたの。芸者が寝ながら言ってた？」

清吉「芸者は、昔だからないよ」

毒蝮「いるよー、昭和28年（筆者注：同様に間違い）。いるけど、そんなゆとりなかったね。それで、俺も作ってみようと思ったの？」

清吉「そう」

毒蝮が2度口にしている「昭和28年」は間違いで、「熱海のホテル」の話は1960（昭和35）年、品川工場時代のエピソードである。当時、菓子業界は非常に景気が良く、菓子屋や菓子問屋による熱海への慰安旅行が頻繁に行われていた。夜は部屋で酒を飲みながら花札賭博などで盛り上がるのが常。しかし清吉は下戸の上に、賭け事もやらない。なので酒宴は参加せず、襖で仕切られた隣の部屋で早々に床に就いていた。

ただ、この夜に限っては、眠りにつく前に襖越しに聞こえてきた話が、妙に気になった。

「進駐軍がジャガイモを薄く切ったのを食べていて、それがとても美味しいらしい」

後年、八潮の商工会や工業会で清吉と交流があった、株式会社イワコー（「おもしろ消しゴム」で知られる会社）の創業者・岩沢善和《よしかず》（1934－2024）は、この話を生前の本人から直接聞いている。

「ほとんどの人は、襖越しにそれを聞いても『ふうん』と言って終わる話でしょ。まさか自分で作ってみようなんて思わない。実際、お菓子業者の方はその場にたくさんいたけど、実際に作ってみようとしたのは、おそらく清吉さんだけだった」

筆者が岩沢に話を聞いたのは2023年12月のこと。岩沢自身も相当な苦労人で、一代でイワコーを築き上げ、唯一無二の「おもしろ消しゴム」で商売を軌道に乗せた有能な起業家にして経営者だが、取材中は一貫して4つ歳上の清吉に対する称賛を惜しまなかった。

岩沢は、取材から約1ヶ月後に亡くなった。

濱田音四郎の「フラ印アメリカンポテトチップ」

ここで一旦、日本におけるポテトチップスの歴史に言及しておこう。

序章でも触れたように、国産ポテトチップスの元祖と言えるのは、濱田音四郎によって設立されたアメリカンポテトチップ社の「フラ印アメリカンポテトチップ」とされている。発売は1950年だ。

戦前にハワイのポテトチップス工場で製造ノウハウを学んだ音四郎は、終戦後に帰国して故郷の和歌山に戻るが、食料不足で死にかけた。そこで、当時兄が住んでいた東京に出て幾多のブローカー業で生計を立てた後、ポテトチップス製造を思い立つ。駐留米軍のアメリカ人たちが、故郷で食べつけていたポテトチップスを欲していたのだ。

このあたりは音四郎へのインタビュー記事（「オール生活」臨増 1983年7月号「ハワイから里帰り 国産ポテトチップスの〝生みの親〟」実業之日本社）でも確認できる。同誌によれば、音四郎はハワイ時代に得たノウハウを頼りに機械を自作した。当初は「最新式の自動式の機械」をアメリカから取り寄せようとGHQ（連合国軍最高司令官総司令部、俗に言う進駐軍）に許可をもらいに行ったものの、輸入の許可を得られなかった。そこで、ハワイ時代に一緒にポテトチップス製造販売をやっていた人物に頼んで、ハワイから「ジャガイモの水を切る機械の代用品として洗たく機の円心《ママ》脱水器二～三台と、回転しながらジャガイモを切るスライサー、そしてジャガイモを揚げるフライヤーとして直径一メートルくらいの鉄の釜を作って送ってもらった。釜はそれを見本として日本でいくつか作らせた」（同誌）

こうして１９５０年、純国産ポテトチップス「フラ印アメリカンポテトチップ」が発売されるが、普通の菓子店では取り扱われず、駐留米軍専用のビアホールほか、高級ホテル、一部の高級スーパーなどで限定的に販売された。酒を飲まない清吉が、熱海のホテルで聞くまでその存在を知らなかったのも無理はない。

「フラ印アメリカンポテトチップ」の発売当時の価格は35gで36円。前出のように「清吉が盗み食いしたバナナが1房6本程度で２５０円（現在の感覚で言えば７、８０００円）」であったことから考えると、こちらも高級品の部類に入ると言っていい。価格設定については、当時は1ドル３６０円の固定相場制だったため、切りよく1袋10セント（＝36円）とした――という見立てもあるが、本当のところはわからない。[*18]

帝国ホテルと銀座ライオン

清吉は音四郎と同時代を生きているものの、生涯面識はなかった。一方の菊之は１９９８年8月26日、生前の音四郎を訪問して直接話を聞いている。

そこで音四郎が語ったところによれば、当時米軍施設に納品した「フラ印アメリカンポテトチップ」は、ＰＸで売られていた。ＰＸ（post exchange）とは、軍隊内で飲食物や日用品などを売る店のこと。音四郎は「横浜（菊之のメモより）」の米軍施設に「3日に1度（同）」納品に行っており、兵士たちはそれを心待ちにしていたらしい。ＰＸ以外では米軍向けのバーなどで、ウイスキーのつまみとしてよく出されていたそうだ。

ただ、当初は米軍向けに基地やホテルなどに販売していたものの、朝鮮戦争（１９５０－53）が終わって日本から米軍が引き揚げていくと、売上は減少。そこで音四郎は売り先を日本人向けの飲食店に変えていったが、かなり苦労した。前出「オール生活」のインタビューでも、音四郎は振り返っている。

「あいにく日本人はポテトチップスなんて食べたことがないし、おまけに当時、ジャガイモはサツマイモより下位にみられていたので、けんもほろろ。『なんだ、ジャガイモなんかで作ったものなんか、持ってきてもらっては困るよ』と」

戦時中のジャガイモは、サツマイモと並んで米の代用食だったため、世代によってはあまり良くないイメージを持たれていた。なので、それを原料とする酒のつまみが非常に高価であることに合点がいかない日本人が相当数いても、不思議はない。その際の音四郎のお決まりのセールストークは「ポテトチップスを出せばビールが売れる」だった。しょっぱいポテトチップスはピルスナービールによく合う。音四郎は菊之にも「ポテトチップスを出せば飲み物が3倍売れた」と語っていた。

そんな中、音四郎が粘り強く通いつめてようやく納品にこぎつけたのが、東京・日比谷の帝国ホテルである。

　ホテルオークラ、ニューオータニとともに日本の高級ホテルとして「ホテル御三家」と名高い帝国ホテルは、1890（明治23）年11月に開業。1886（明治19）年に東京の官庁集中計画が立案された際、外国の要人を堂々と迎えられる大型ホテルの必要性が盛り込まれ、実業家の渋沢栄一らが設立発起人となって建設された。有名なフランク・ロイド・ライトによる本館、通称「ライト館」は1923（大正12）年7月に完成。翌々月に関東地方を襲った関東大震災でも、ほとんど無傷だった。

　戦前に宿泊した海外の要人の中には、喜劇王チャールズ・チャップリン、米大リーグ選手ベーブ・ルース、フランスの詩人ジャン・コクトー、盲ろう者の作家ヘレン・ケラー、女優マリリン・モンローなどがいる。その後太平洋戦争を挟み、戦後は連合軍の将官やGHQの高官用宿舎として接収された。[*19]

　濱田音四郎と帝国ホテルについては、2015年10月5日の朝日新聞夕刊「ジャガイモをたどって（6）」でも、別の人間の談話で言及されている。アメリカンポテトチップ社にジャガイモを卸していた浅草の芋問屋の老舗、川小《かわこ》商店で1973年から2004年まで三代目社長を務めた齋藤興平だ。「アロハシャツを着た濱田さんに案内された工場では、従業員ができたてのポテトチップスから色が白くてきれいなものを選んでいた。白いのは帝国ホテル、それ以外はビアホール向けと教えてくれた[*20]」

　川小商店は1876（明治9）年に齋藤小平次が創業した甘藷《かんしょ》（サツマイモ）問屋の老舗だ

が、1966年からはジャガイモの取り扱いも始めている。菊之は興平に息子のようにかわいがられ、ジャガイモについて多くのことを学ぶとともに、原料不足の際には何度も助けられた。その興平こそが菊之を音四郎に引き合わせた人物である。1998年に菊之が音四郎のもとを訪問した際は興平も同席した。

音四郎の売り込みでは、PXの米国人が役に立つこともあった。これも音四郎が菊之に語った話だが、「銀座ライオン[*21]」におつまみとして売り込むにあたり、PXの米国人と一緒に客として店に赴いた」のだ。着席し、オーダーを取りに来た店員に向かってPX氏が言う。

「この店、ポテトチップスはないのか？」

羽振りのいい米国人客たちによって売上が支えられていた銀座のビアホールに対して、この言葉は効果てきめんだったと思われる。ほどなくして、同店は音四郎のポテトチップスを仕入れ始めた。これ以上なく適任のサクラ（PX氏）を利用した頭脳派の営業。営業外交に長けていた清吉の辣腕ぶりと、どこか重なるところがある。

誰が「国産初のポテトチップス」を作ったのか？

ところで、P.68で国産ポテトチップスの元祖が1950年の「フラ印アメリカンポテトチップ」〝とされている〟と濁したのは、それ以前の日本にもポテトチップスは存在していたからだ。ただし日本人に向けてではなく、主にアメリカ人向けとして。

戦後、ポテトチップスを製造販売する業者はいくつか存在したが、いずれもGHQへの納品用、あるいはアメリカ人の出入りする施設での販売・提供用にその周辺で製造されており、一般の菓子店などには出回らなかったようだ。

一般財団法人いも類振興会が２０１３年に発行した「いも類振興情報 １１５号」によれば、１９４８年頃からＧＨＱの要望によって、国内のポテトチップス製造業者の選定が入札制となった。当時、入札参加メーカーは４社あったという。とはいえ販売ルートは全量がＧＨＱへの納入だったので、やはり一般市民の口には入らなかった。[*22]

また、後にデイリー食品（１９６３年、東京スナック食品に社名変更）やデイリー商事を設立し、湖池屋や菊水堂などと共にポテトチップスを製造・販売した大串一臣が、１９５０年、アメリカ人によって設立された「アメリカンフードプロダクト」という会社に身を置いており、そこで既にポテトチップスの製造・販売をしていたとする記録が存在する。その記録とは、１９８７年以降に作成された「大串の自己申告による経歴書」だが、菊之はその経歴書を大串から受け取った際、本人が「〝ヘンリー・シモジマ〟という人物が、濱田音四郎のアメリカンポテトチップ社より６ヶ月早くポテトチップスを製造した」と語ったのを直接聞いた。[*23]

大串は戦後、山王ホテルのバーテンダーや東京アメリカンクラブでのウエイター経験がある。

山王ホテルは二・二六事件で反乱軍に占拠されたことで知られる赤坂の近代的ホテルで、設立は１９３２（昭和７）年。戦後は米軍に接収・改修され、軍関係者のためのホテルおよび家族向け住宅となった。現在はその場所に、２０００年に竣工《しゅんこう》・開業した山王パークタワーが建っている。

東京アメリカンクラブは麻布台にある会員制社交クラブで、元々は在日アメリカ人が妻や恋人と利用する場として1928（昭和3）年、当時の麴町区（現在の千代田区の一部）にあった岩本ビルで設立された。[*24] 以降、商用で日本に住む裕福なアメリカ人家族たちの利用が増えていく。その岩本ビルの所在地は音四郎がポテトチップスを売り込んだ帝国ホテルの向かい。大串がウエイターだった時期からは数年後だが、ニアミスといえばニアミスである。

あくまで推測だが、大串は山王ホテルや東京アメリカンクラブで「裕福なアメリカ人」とのコネクションを持ち、彼らに「アメリカンフードプロダクト」の設立を促し、彼らの人脈を伝手《つて》に米軍やその関係者にポテトチップスを売り込んでいったのではないか。件《くだん》の経歴書には、取引先のひとつに「在日米軍ＰＸ」とも書かれている。

いずれにせよ、ポテトチップスの「正史」として、濱田音四郎が「日本のポテトチップスの父」であることは、ポテトチップス業界内の共通認識として浸透している。

音四郎以前の国産ポテトチップスは、基本的に「アメリカ人向け」だった。対して「フラ印アメリカンポテトチップ」は、当初は駐留米軍向き、その後も流通経路が限定的だったとはいえ、日本人も訪れるホテルやビアホール、バーなどに納品され、提供された。ある意味で初の「日本人に向けた」ポテトチップスでもあった、と言えるのではないか。

なお菊之によれば、音四郎との面会時、「自分が日本で初めてポテトチップを作った」といった趣旨の発言は、音四郎から一切出なかったという。

羽田空港、東京タワー、新幹線

誰が、どのメーカーが「国産初」だったにせよ、音四郎の功績は揺るがない。日本人によって設立された会社で製造したポテトチップスを、日本人に売り込んだ先駆者である音四郎。彼がいなければ、現在の国内ポテトチップス市場の隆盛はなかった。まったく新しい市場を切り開いたのだから。

音四郎の尽力が実を結んだのは、戦後日本の驚異的な経済復興の後押しも大きいだろう。人々の生活が豊かになった結果、酒を供する華やかな場で、ポテトチップスに出合う日本人は少しずつ増えていった。

菊水堂の品川時代、1950年代半ばから1960年代にかけての日本は、高度経済成長期真っただ中。1956年7月に発表された経済白書の序文には、英文学者・評論家の中野好夫が著した評論文の題名である「もはや戦後ではない」が拝借されている。

当時の清吉は、瓦せんべいに飛行機や東京タワーの絵柄を焼きごてで押したお土産品も製造していたが、この絵柄も日本の経済復興を示すモチーフだ。

羽田空港（東京国際空港）の前身たる東京飛行場の開港は1931（昭和6）年。1950年代には外国航空会社の就航開始が相次いだ。1954年には日本航空が羽田～サンフランシスコ間に初の国際定期便を開設。以降、国際線の旅客は増加の一途をたどる。

1958年に開業した東京タワーは、1本の電波塔で全国に電波を送る「総合電波塔」である。TV放送は1953年にNHKが開始し、以降民放局が次々と開局していったが、各局は自前の電波塔を使っていたため、電波の混線が相次いだ。それを一掃すべく建てられたのが東京タワーである。なお東京タワーは鋼製で、鉄製のエッフェル塔に比べて軽く、強度も高い。日本の鉄鋼産業の発展と技術力の高さが現れた建造物だった。

改めて、菊水堂の工場があった品川区の戸越銀座に注目してみると、羽田空港と東京タワーをバナナのように湾曲したカーブで結んだ中間地点に位置している。清吉の頭に、立地的な意味での〝ご当地感〟が意識されていたかどうか。

いずれせよ、数年後に清吉自身が国際線に搭乗して渡米し、アメリカのポテトチップス工場を見学して大いなる知見を持ち帰ることになろうとは、当の清吉自身、予想だにしていなかっただろう。また、品川工場時代の半世紀以上も後、息子に社長を譲った菊水堂の運命が、「TV放送」の力で一夜にして変わるなど、輪をかけて想像の範囲外だったはずだ。

さて最後に、高度経済成長の象徴といえば、新幹線も外せない。

菊水堂の品川時代、工場のすぐ近くを南北に走る国鉄横須賀線に並走させる形で、東海道新幹線の敷設工事が進んでいた。開業は1964年10月1日。その9日後の10月10日には東京オリンピックが開幕している。世界の高速鉄道の先駆けにして、日本の技術力の粋を集めた大事業の完遂お披露目を、日本の戦後復興を象徴する一大イベントであるオリンピックに合わせたのだ。

1957年生まれの菊之は、新幹線の線路工事によって土が高く盛られていた幼少期の記憶が鮮明に残っている。

この数年後、その線路を走ることになる超特急電車の車内で、自分の父親が作ったポテトチップスが提供されることになるなど――菊之少年は知る由もなかった。

第3章 チップ屋

1968年6月、羽田空港にてアメリカに出発前の清吉。
左が息子の菊之。8mmカメラで撮影。

蒟蒻もジャガイモも「芋」

1960年、熱海への慰安旅行から帰った清吉は早速、ポテトチップスなるものの試作を開始する。が、ヒントは何もない。製法を知っている者は周囲にいない。そもそもポテトチップスというものを食べたことがない。わかっているのは「ジャガイモを薄く切って揚げるお菓子」ということだけだ。

そういえば、と清吉はひらめいた。故郷の名産である蒟蒻の原料も、ジャガイモと同じく「芋《いも》」だ。

清吉は、幼い頃よく目にしていた光景を思い起こした。

郷里では、秋に収穫したコンニャク芋を薄切りにして、真ん中を竹串で刺して軒先に干し、上州のからっ風にさらして乾燥させる。芋はすぐ真っ黒になり、長期保存が可能になるのだ。川越街道の沿道にある農家の家々は皆そんな感じだった。ちなみに、スライスして乾燥させたコンニャク芋は「芋チップ」と呼び、これを精粉《せいこ》にして蒟蒻を作る。

清吉はコンニャク芋用のスライサーを、ジャガイモのスライスに流用した。鉋《かんな》を大きくしたような見た目のものだ。蒟蒻もポテトチップスも、「スライスした芋」であることに変わりはない。

スライスの次は揚げる工程だが、清吉がそれまで主に手掛けていた瓦せんべいは「揚げ」ではなく「焼き」の技術を使う菓子なので、まったく違う技術が求められる。ただ、この時期にまだ本格的な丸釜はない。よってスライスしたジャガイモは、妻・まさ子が天ぷら鍋で揚げた。まさ子は結婚前に地元の天ぷら屋に勤めていた経験があり、油の扱いやフライについては慣れていたのだ。なんたる幸運。

ただ、清吉は試作段階での味付けを長らく砂糖がけで行っていた。芋羊羹販売の経験があったため「芋と言えば砂糖」と考えたのだろう。それまで一貫して作り続けていた瓦せんべいも甘い。当時ポピュラーだったかりんとうも甘い。

1960年代初頭の菓子は、「甘いもの」が「しょっぱいもの」よりも、どちらかと言えば優勢だった。カルビーが1964年に発売した「かっぱえびせん」（当時の社名はカルビー製菓）は国内スナック史に残る大ヒット商品だが、その前身たる小麦製のあられ「かっぱあられ」（1955年発売）は甘辛い味付け。その後に続く「かっぱ」シリーズも同様の方向性を踏襲していた。

しかしカルビーは「かっぱえびせん」で、それまでの「甘いスナック」から「しょっぱいスナック」に方向転換する。その理由について、カルビー三代目の社長にして「中興の祖」と名高い松尾雅彦（1941-2018）は後年、このように述べている。

「おなか一杯食べられない時代には、人々の嗜好は甘いものにいくのです。甘いものは、すぐにおなかが一杯になり、速くカロリーに変えられますからね。ところが、食べるものに不自由しなくなってきますと、逆に塩味を好むようになってくるようです[*25]」

統計上、日本人が「食べるものに不自由しなくなって」くるのは、日本人の摂取カロリーがピークを記録した1971~72年あたりである。それ以降、日本は「飽食の時代」に突入し、松尾の言うように「塩味を好む」ようになっていく。

カルビーのポテトチップス市場参入は1975年。同社がポテトチップスメーカーとしては後発ながら市場を一気に制した背景のひとつに、国民がしょっぱいお菓子を急速に求め始めた時期と重なっていたこと――もあるのかもしれない。

結局、何度やっても砂糖がけがうまくいかなかった清吉も、最終的には塩の味付けに方向転換した。

清吉は音四郎から製法を教わらなかった

ところで、ポテトチップスの製法に関しては、清吉が試作を始めた時点で既にGHQに納品していたメーカーが存在したほか、音四郎のアメリカンポテトチップ社が10年以上前から製造を続けているので、日本で誰も製法を知らなかったわけではない。

実は音四郎に関しては、界隈《かいわい》でよく知られた逸話がある。「音四郎は、ポテトチップスの製法について日本国内で特許を取るよう周囲から薦められたが、あえてしなかった。日本でのポテトチップス普及を切に願っていたからだ」というものだ。これは前出「オール生活」で音四郎自身が発言しているため、以降に発表された読み物などで拡散・流布された経緯がある。

「オール生活」の該当箇所を拾ってみよう。

「いま（筆者注：1983年当時）、国内にはメーカーが四〇~五〇社ありまして、全体で三

○○億から四○○○億の市場になっていますが、そのほとんどのメーカーさんは、私が直接または間接的に、その作り方を教えたんですよ。〝どうぞ、あなたがこのポテトチップスを広めてくださぃ〟ってね。もちろん、手数料とかロイヤリティみたいなものは、私、いただいておりません。ただ、広めてくれればよいのですから……」

また、国際協力事業団が発行する「海外移住」という雑誌内で２００２年に行われた音四郎へのインタビューでも、音四郎は「いまは多くの会社からいろんな種類のポテトチップスが販売されていますが、製造方法はすべて僕が教えたんですよ」と発言している。[*26]

しかし確認できる記録をたどった限りでは、清吉も、そして１９６２年に「のり塩」を発売する湖池屋の小池和夫も、ポテトチップスの製法は**それぞれ独力**で見出《みいだ》している。となると、音四郎の発言「ほとんどのメーカーさんは、私が直接または間接的に、その作り方を教えた」「製造方法はすべて僕が教えた」と矛盾する。

１９７０年4月から１９７３年2月まで農林省（現・農林水産省）の畑作振興課・いも類班で係長に就いていた狩谷《かりや》昭男《あきお》（１９４３－）は同課に在籍中、ポテトチップスの業界調査とメーカー各社へのヒアリングを重ねている。その狩谷は筆者にこう断言した。

「湖池屋の小池和夫さん、菊水堂の岩井清吉さんはじめ、十数社と面談して業界事情について色々と情報を集めていましたが、そこで濱田音四郎さんからポテトチップスの指導を受けたという話を聞いた記憶はありません」

狩谷はポテトチップス業界草創期の業界の空気を直接的に知る人物で、多くのジャガイモ・

ポテトチップス関連キーパーソンとも面識があった。畑作振興課・いも類班から異動後もそのコネクションが途切れることはなく、農林水産省退職後は２００５年から２０１７年まで一般財団法人いも類振興会の理事長を務め、『ジャガイモ事典』『サツマイモ事典』などの大著を編んでいる。その狩谷をもってしても、音四郎が製法指導したという話は耳にしたことがないというのだ。

「音四郎さんが菓子店ではなくビアホールなどを中心に売り込んでいたことからもわかるように、他のポテトチップスメーカーとはビジネスの場所が違った。だから湖池屋や菊水堂が身を置いているポテトチップス業界とはかなり距離を置いていました。みんなで一緒にやろうというよりは、いい意味で個人プレーの方」（狩谷）

無論、小さなメーカーから音四郎のもとに何か相談程度のアプローチがあり、それに音四郎が応じた事実はあって然るべきだろう。ただ「相談したメーカーに強烈な影響を与えるような、具体的でインパクトのある提案はなかったのでは」というのが狩谷の推測だ。なお、狩谷自身も音四郎と面識はない。

一方で、音四郎と直接話したことのある岩井菊之はこの点について、以下のような持論を述べる。

「音四郎さんは事実として製法を秘密にする気はなく、聞かれれば教えるし、他社からの工場視察希望なんかも積極的に受け入れていた、という意味だと思う。おそらく１９５０年代当初は、ポテトチップスの作り方を公開しないとＰＸに納品できなかったので、製法を囲い込むと

い う発想がなかったのではないか。しかも音四郎さんはＰＸに顔が利くし英語も話せるので、他の業者がＰＸに何かを納品したい時には音四郎さんを通す、みたいな状況だったとすると、より一層、ポテトチップスの製法をオープンにしていた可能性は高い」

菊之はそのような音四郎の心意気の底に、「アメリカに戦争で負けて、日本人として団結しなければという思いがあったのではないか」と見る。実際、音四郎はハワイ在住時、日米開戦によって強制収容の辛酸を嘗《な》めた。ハワイからロサンゼルス、ニューメキシコ、テキサスなどの収容所を転々とさせられたのだ。

「日本人として団結しなければという思い」は、音四郎の19歳下で、15歳で終戦を迎えた清吉も同じだった。同胞同士で争っている場合ではない。

「父も、ポテトチップス製造が軌道に乗ってからは、同業者の工場視察を積極的に受け入れていました。聞かれれば答える。母は『そんなに教えることないのに』と言っていましたが、意に介しませんでしたね」（菊之）

「兄貴は、ガードして教えないってことは一切なかったね。来れば、必ず教える。そういう性格なんだよ」（金造）

弱き者同士は争うのではなく団結し、一丸となって巨人に立ち向かわねばならない。清吉はこの思いを長らく胸に刻んでいた。その思いがやがて日本ポテトチップ協会の設立の後押しになった話は、第４章で改めて語ろう。

湖池屋と菊水堂

清吉がポテトチップス製造を試行錯誤していたさなかの1962年、湖池屋が「湖池屋ポテトチップス　のり塩」を発売する。清吉は先を越された。

先述したように、湖池屋創業者の小池和夫は、**飲み屋**で出されたポテトチップスの味に感動してポテトチップス製造を試みた。**酒があまり飲めない**ため酒宴に参加せず、襖越しにポテトチップスの話を聞いて興味が湧いた清吉とは、対照的な「ポテトチップスとの出合い」だ。

小池はもともと和菓子屋勤めのセールスマンであり、清吉と同じ1953年に独立して東京都文京区目白台で創業するが、古巣である和菓子屋の競合になる「甘いもの」を扱うのは避け、「お好み揚げ」といった酒のおつまみ菓子、すなわち「しょっぱいもの」を製造することにした。瓦せんべい屋で修業し、独立して同じく瓦せんべい、つまり「甘いもの」を製造した清吉とは、この点でも奇妙に対照的である。なお、小池が「湖池屋」として会社を設立したのは1958（昭和33）年。清吉が有限会社菊水堂を設立した翌年のことだ。

国内ポテトチップス史に照らし合わせて言うなら、湖池屋のポテトチップス発売は2つの意味で画期的だったとされる。

ひとつは、それまで飲み屋のおつまみを中心として販売されていたポテトチップスを、「大衆向けのおやつ」として、安価な価格で一般庶民に提供したこと。

もうひとつは、最初の味付けを欧米で一般的だった「塩味」ではなく、日本人の味覚に合うよう「のり塩」に決めたこと。海苔《のり》で味つけしたポテトチップスは、ポテトチップス発祥の地とされているアメリカはもちろん、当時世界中どの国にもなかった。

ただ、菊之は湖池屋が青のりをまぶす味付けを「発明した」ようなニュアンスで語られることに、多少の困惑を隠さない。

「父がそれ以前から作っていた『扇せん』という瓦せんべいは、扇の形に焼いた瓦せんべいに砂糖と青のりをまぶしたものでした」（菊之）

無論、菊水堂の瓦せんべい以外にも青のりを使用した菓子はあっただろうが、菊之の含みのある言葉の行間には、清吉と同じく独力でポテトチップス製造を試行錯誤しながら、菊水堂から2年先行して発売にこぎつけ、ポテトチップス史にその名を刻んだ湖池屋という会社に対する、対抗心とも言い難い、複雑な想いが垣間《かいま》見える。

その複雑な想いをさらに強い語調で筆者にぶつけてきたのが、清吉の右腕だった佐俣清三の息子、孝之だ。

孝之は役所勤めの傍ら、一族の家系図を作成するほど両岩井家の家系に詳しい。清吉の出自や言動、草創期の菊水堂についても、父親からの口伝えで多くのことを聞いてきた。

以下に、佐俣孝之と筆者とのやり取りを採録する。

佐俣「清吉さんがすごいなと思うのは、湖池屋さんにポテトチップスを一緒に作ろうよって誘ったことですよ。日本でまだ流行《はや》ってないからって。ライバル会社の人まで巻き込もうとしたんですね」
筆者「それは、湖池屋がポテトチップスを販売する前の話ですか」
佐俣「そう。同じ東京の菓子屋仲間としてね。自分だけが作っても広がらないだろうから、湖池屋さんも誘った。商売敵《がたき》なのに。でも一緒に作ることはなく、湖池屋さんは湖池屋さんとして独自に試行錯誤して、先に完成にこぎつけた。会社規模が湖池屋さんのほうがずっと大きかったから、一緒にってのは難しかったのかも」
筆者「その話は、どなたから聞いたんですか？」
佐俣「父（清三）、もしくは母と記憶しています。母といっても実母（佐俣よう）は早くに亡くなっているので、養母のほうですね」

この話をしている時、隣にいた五十嵐靜子（佐俣ようの妹）が「銀座の話かね」と口を挟んだ。銀座とは銀座のクラブのこと。清吉は酒を飲めないが、付き合いで東京の菓子業者たちと銀座に繰り出すこともあったという。その時、同席していた小池和夫を「誘った」のかもしれないということだ。

ありそうな話ではあるが、推測の域を出ない。

とはいえ、小池和夫がポテトチップスを作ろうと決意した、あるいは決意を後押しした理由のひとつに、品川の瓦せんべい屋であった清吉の熱いプレゼンテーションがあったと考えるのは、不自然ではない。小池が「飲み屋で食べたポテトチップスの美味しさに衝撃を受けた」と

インディアン娘のキャラクター。1971年11月21日、銀座にて（詳細はP.127）。

いうエピソードは事実だとして、「別の菓子業者もポテトチップスに関心を示している」ことが耳に入り、より開発意欲に火がついたという可能性もある。

　いずれにしろ、当時の菓子業界は横のつながりが強かった。熱海の慰安旅行でさまざまな情報交換がなされていたことが示すように、競合他社間でそれほどギスギスした空気はなかったようだ。そういった空気の中、ポテトチップスを作ろうと志した者が――湖池屋や菊水堂以外にも――幾人か出現し、その中で先陣を切ったのが湖池屋だった、ということなのだろう。

　ちなみに、「湖池屋ポテトチップス」の初期の袋に印刷されているのは幌《ほろ》馬車だが、菊水堂はネイティブ・アメリカン（当時は〝インディアン〟と呼ばれていたが、現在では蔑称）である（写真）。言うまでもなく、幌馬車はアメリカ西部開拓時代の象徴的な乗り物だが、その幌馬車を襲撃していたのが〝インディアン〟である——というイメージが当時のアメリカ映画などで日本人の間にも浸透していた事実は、付記しておく。

なお、菊水堂は後年、大手流通に入り込めず売上が苦しかった1990年前後に、湖池屋が持っていたとある小ロットの取引を湖池屋から丸々譲り受けている。取引先ごと移管したのだ。当時の湖池屋社長は小池和夫の息子、小池孝（現会長）。この時期、菊水堂はスーパーなどの大手流通に入り込めず売上が落ち込んでおり、仲介手数料なしでの譲り受けは相当に助かったという。菊之と同学年であり同じく創業者ジュニアである孝は、菊之に言った。

「また困ったことがあったら、遠慮なく相談してください」

菊水堂のポテトチップ発売

清吉は品川工場でポテトチップスの試作に没頭する中、工場近くに家族で住むための一軒家を建てる。ところが、その家には家族で1年も住むことなく、東京都足立区神明《しんめい》の用水路沿いに約100坪の土地を買い、自宅兼工場を建てて会社ごと移転した。1963年12月のことだ。品川の工場は土地が鍵型で大型トラックをつけるのが難しく通りに面した立地としたかったこと、大量排水のため川に面した工場としたかったのが、移転の理由である。

清吉は足立工場に移転する頃から、大花《たいか》堂《どう》製菓、木本製菓、中野製菓、東京カリントといったかりんとうメーカー[*27]に、フライ技術をたびたび聞きに行った。かりんとうは小麦粉、砂糖、イーストなどで練り合わせた棒状の生地を揚げたもの。ジャガイモ原料のポテトチップスとは異なるが、揚げる技術に関して彼らはエキスパートだ。後年、菊之はこれらかりんとうメーカーの先代から「お前の親父、よく来てたぞ」と聞かされている。

工場移転の半年後、ようやく商品として世に出せるポテトチップスが完成。１９６４年６月、遂に菊水堂謹製のポテトチップスが発売された。

しかし、当初菓子問屋からは「こんな空気みたいなものは売れない」「すぐに湿気《しけ》ってしまうので商売にならない」などと言われてしまう。とはいえ、小売店に営業をかける菓子問屋の営業マンたちは試食してたいそう気に入ったらしく、扱いたがらない割にはサンプルを頻繁に要求していたため、清吉は「売れる」という確信を持っていた。

やがて清吉は持ち前の営業スキルを存分に発揮して、二木の菓子、太子堂、きんかなどに飛び込みで営業し、次々と商談をまとめていった。それほど間をおかず、ポテトチップスは「作れば売れる」状態になった。

最初期の頃のポテトチップスは他の菓子と同様、菓子店に一斗缶でバラ納品されてガラスの器などに移され、それを客に量り売りしていたため、現在のように袋菓子として売られるものはなかった（そのため、当時の菊水堂のポテトチップスに特に決まった商品名はついていない）。一斗缶に中袋を敷いてポテトチップスを入れ、輪ゴムで留め、一斗缶の口は煮た糊を塗りつけたテープで封入する。当時の卸価格は１kgあたり２００円。東京地区における大人の映画鑑賞料金平均が「２２１円」[*28]の時代（２０２４年現在は約２０００円）なので、２０２４年現在に換算すると１８００円／kg程度である。

量り売りゆえ、客への販売ごとにガラスの器の蓋《ふた》が頻繁に開け閉めされる。よって湿気るのも速いが、それを補って余りあるくらい、ポテトチップスの美味しさは人々の心を掴んだ。「ジャガイモを揚げたものが、こんなに美味しいなんて!」。戦時中の代用食としてジャガイモにうんざりしていた大人たちは、さぞ驚いたろう。

とはいえ、湿気るのはなるべく防ぎたい。よって清吉は、製造したポテトチップスをできるだけ新鮮な状態で翌日配達すべく、あらかじめ決められた納品先に決められた間隔で定期的に配達する方式を取った。いわゆるルートセールスである。ルートセールスとは、得意先を定期的に訪問し、商品のセールスを行う営業スタイルのこと。定期巡回販売とも呼ぶ。

清吉はルートセールスを芋羊羹の引き売りで学んだ。芋羊羹は乾物などと違って日持ちせず、賞味期限が短い。牛乳、乳製品、パン、野菜、豆腐などと同じ、いわゆる「日配品《にっぱいひん》」だ。日配品の販売にあたっては、無駄のない配送ルートの構築が肝要である。また、作り置きができないことから、需要を正確に読み、1日で製造できる量を踏まえながら綿密な製造計画を立てる必要がある。清吉はこのあたりの感覚を10代にして叩《たた》き込んでおり、瓦せんべい屋として三田で独立後も、そのノウハウを生かして商売を回していた。

スナック菓子であるポテトチップスが、芋羊羹や牛乳と同じ扱いであることに違和感のある方もおられよう。しかしポテトチップスの原料たるジャガイモは野菜であり、ポテトチップスとはつまり野菜を油で揚げたものだ。その油は時間とともに酸化し、味が落ちていく。

実は、「ポテトチップスは生鮮食品であり鮮度管理が最も大切」であることを国内で戦略的にはっきりと打ち出し、商品管理と物流面で実践したのは、後発でポテトチップス市場に参入したカルビーだ。

１９７５年、カルビーはポテトチップス業界に意気揚々と参入したが、当初は想定していたよりも売れなかった。そこで店頭に置かれた自社商品を調べてみると、油が酸化しているものがたくさんあった。賞味期限切れのものが出回っていたのだ。

当時、菓子の製造と流通は、メーカーが原料の調達を業者に依頼し、工場で作った商品を問屋に卸し、その問屋が店にセールスする方式が一般的だった。すなわち、メーカーは古いポテトチップスが店頭に並ぶことを阻止できなかったのだ。

そこでカルビーは、原料の調達から商品の売り場アプローチまでを一貫して自社で行う方法を採った。これは松尾雅彦がポテトチップスの本場、アメリカで学んだ流通政策のキモである。アメリカでは、ポテトチップスは最初から日配品扱いだった。

叔父の手伝いで行っていた芋羊羹の引き売りノウハウが、十数年後にこのような形で役に立つだなんて！　少年時代の清吉は想像だにしていなかっただろう。

雨樋スライサー

清吉がたどり着いたポテトチップスの製法とは、どのようなものだったのか。

まずはジャガイモのスライス。均一の厚さに切らないとすべてのチップが同じ揚がり具合にはならないが、これが難しい。試作時に使用していたコンニャク芋用のスライサーを野菜カット用のスライサーに変更し、1個ずつジャガイモを押し切りした。ただ、そのままでは正確に一定の力で押さないと同じ厚さにならない。そこで清吉は一計を案じ、雨樋《あまどい》のような形状の器具をスライサーに装着してジャガイモをまとめて投入し、ジャガイモの自重により自動で連続して均一に切れるよう改造した。ジャガイモの投入自体は人の手を要するが、効率も精度もコンニャク芋用のスライサーより遥《はる》かに高い。清吉は菊之に、その雨樋スライサーを自慢気に見せた。

スライス後にはジャガイモのデンプンを除去すべく水さらしをする。これをやらないと、揚げた時に焦げてしまうからだ。清吉は水さらし工程で薬品を入れると焦げずに白く揚がると聞いていたが、子供が食べるものだからと薬品は使わなかった。

除去されたジャガイモのデンプンは廃棄されるが、そのまま川に流すわけにはいかない。神明工場は用水路沿いにあり、そこに排水すべくデンプンだけを除去するための貯留槽が造られた。そのデンプンを分離槽から汲むのが小学校から帰宅した菊之の日課であった。

フライは、東京都台東区の調理器具問屋街・合羽橋《かっぱばし》で調達した大きな丸釜で行った。油が煮えたぎっている大きな丸釜に、玉網で大量のジャガイモを投入し、時間になったら引き上げる。工員ひとりあたり2、3台の丸釜を担当し、工場には最大15釜が設置された。引き上げられたチップは脱油し、塩などを手でふりかけて味付けされ、完成である。

神明工場は品川工場よりは広くなったが、設備も人もぎゅうぎゅうで工場は大変狭かった。菊之は記憶をたどる。「あの狭いスペースに15もの丸釜があったとは、とても信じられない」

原料調達を制する者、ポテトチップスを制する

製法と同じくらい大事なのが原料、すなわちジャガイモの調達である。

カルビーの松尾雅彦は、自社の参入以降にポテトチップス市場が急拡大した理由として、先述した低価格、品質に加えて、ジャガイモの通年安定供給を挙げている。[*29]松尾は社長に就任する前の１９８０年、ポテトチップス用ジャガイモの安定供給のため、原料部門を独立させたカルビーポテトを設立し、代表取締役に就任した。それほどまでに、原料の調達はポテトチップス製造の鍵なのだ。

とはいえ、特定の時期にしか収穫されないジャガイモを安定的に調達するハードルは高い。国内産のジャガイモは冬に収穫されないので、その時期はどうしても不足する。ポテトチップス草創期には、ポテトチップス用の契約農家制度も長期保存技術もなかった。

かといって、海外からの輸入に頼るわけにもいかない。日本には植物防疫法という法律があり、１９５０年以降は海外から生のジャガイモを輸入することができなくなっていたからだ。[*30]元来ジャガイモはさまざまな病気にかかりやすく、見た目ではわからないウイルスに感染していることがある。もし、病気に冒された海外の生ジャガイモを陸送中にウイルスを撒《ま》き散らしてしまえば、国内のジャガイモ畑は壊滅的な被害に見舞われる。

現在では各メーカーとも、収穫時期の異なるさまざまな地域の契約農家で生産されるジャガイモを、草創期にはなかった長期貯蔵の技術を駆使しながら、安定的かつ計画的に調達してい

る。よって、現在の我々は、1年中どの季節も、不足なくポテトチップスを食べることができるのだ。

ちなみに1960年代、湖池屋や菊水堂を含む草創期のポテトチップスメーカーが関東に集中していたのは、最初期の需要が米軍相手だったこと、つまり米軍設備が関東近郊に多くあったことの名残であると推測される。また、情報の集まる東京であれば機械設備や製法に関する最新情報も入手しやすい。

当時、関東のジャガイモ産地といえば、神奈川の湘南地域、埼玉の所沢、川越、岩槻《いわつき》、茨城の霞ヶ浦《かすみがうら》周辺、千葉など。したがってポテトチップス工場も、これらの産地と最も大きい消費地である東京との間に位置していた。

しかし、それでは関東でジャガイモが収穫できる時期以外は、ジャガイモが不足してしまう。音四郎のアメリカンポテトチップ社も、そこが悩みだった。進駐軍やホテルなどによく売れるようになっても、肝心のジャガイモが端境期に切れる。これればかりはどうしようもない。

解決するには、できるだけ収穫時期を散らした複数の産地からジャガイモを調達するしかない。ジャガイモは暖かい地方から順に収穫される。5～6月は九州、7月は本州、8～10月は北海道。全国各地から満遍なくジャガイモを調達できるなら、広い時期をカバーできるはずだ。

チップ屋、東奔西走す

清吉は北海道から九州までトラックで奔走し、現地のジャガイモ農家をくまなく訪ね歩き、ジャガイモ原料の調達に尽力した。この行脚には、当時小学生だった菊之もたびたび同行させられている。

ジャガイモが足りないとなれば、清吉は自らトラックを飛ばして産地に赴き、自ら掘り、集荷した。故郷の下仁田でジャガイモの栽培ができないかも試みたが、生育気温の問題なのかうまくいかず、1〜2年で諦めた。

初期の清吉が目をつけたのは、北海道・函館産のジャガイモだった。北海道は良質なジャガイモの産地だが、その中心地である十勝あたりで10月頃に収穫されたジャガイモは、道内を陸送している間、冷気に晒《さら》されるため、東京に運ぶまでの間に質が落ちてしまう。

しかし函館なら青函《せいかん》連絡船が就航している。津軽海峡を横断して函館港と青森港を結ぶフェリーだ。函館産のジャガイモを収穫してトラックに積み込めば、最小の陸送時間でトラックごとフェリーに乗れる。冷気に晒される時間が短くて済むのだ。

後に菊之が菊水堂に入社してからも、清吉のジャガイモ調達の熱意は冷めなかった。神田青果市場にジャガイモの余り物があると聞けば菊之に見に行かせた。そこでパレットに載った20kg袋を借り、中のジャガイモを実際に揚げてみて使えそうなら買い求めた。

どうしても製造用のジャガイモが足りず、返還前の沖縄や台湾から〝輸入〟したバラ状態のポテトチップスを、菊水堂の袋に詰め替えて販売しようとしたこともある。だが台湾のポテトチップスは「色は白くて綺麗だったが油の臭さがあり、無理だった」（菊之）

文字通り、ジャガイモを求めて東奔西走。思い立ったらすみやかに行動する。実に場当たり的、自転車操業的、博打的。組織に属さぬ孤高のチップ屋、岩井清吉。

ポテトチップスメーカーを指す「チップ屋」という呼称は、筆者からの取材中、菊之が口にしたものだ。ポテトチップス製造業者は生鮮ジャガイモを仕入れるため、言ってみれば八百屋のような商売である。しかし、かつて彼らは農協などから八百屋よりも「下」に見られていた。「たかがチップ屋、まともに相手などしてくれない」。皮肉めいた自己卑下、「だが俺たちは、ジャガイモの専門家だ」という矜持《きょうじ》。それが「チップ屋」という通り名に現れていると菊之は言う。

新幹線に納品する

１９６０年代後半は、湖池屋や菊水堂の後を追うように菓子メーカーによるポテトチップス業界への新規参入が相次ぎ、市場は活況を呈した。当時の食品業界誌によれば、ポテトチップス業界が「一応業界らしいマーケットの様相を呈して来た」[*31]のは１９６５年頃から。60年代末には全国に約１００社前後ものポテトチップス業者があった。当時はポテトチップスを含む「スナック菓子」の需要が急速に伸びてきた時期でもあり、市場はこの新しいお菓子への期待感に満ちていたのだ。

ポテトチップスの市場規模は１９６５年に10億円、１９６６年に12億円、１９６７年に15億円、１９６８年に20億円。[*32]順調に伸びてはいたが、現在からすると桁が２つ少ない、ささやかなものであった。メーカーの大半が関東に集中していたため、ポテトチップスという菓子は東日本にしか流通しておらず、かつジャガイモが収穫できない冬場は製造量が劇的に落ちていたからだ。とは言え、菊水堂のように小さな会社がそれなりに潤うには、必要にして十分の市場サイズだったと言えよう。

１９６７年には菊水堂の全売上の８割をポテトチップスが占めるようになり、清吉は長らく作っていた瓦せんべいを下請けに出すことにした。先述した、大衆がお菓子に求める味覚の変化（甘い→しょっぱい）は、菊水堂の売上にも如実に現れたわけだ。

初期は一斗缶でのバラ納品が主だったポテトチップスは、やがて袋詰め販売も行うようになった。当時の袋詰めは当然ながら手作業。担当していたのは菊水堂の工員ではなく、足立区神明の工場近隣に当時多く住んでいた、農家の女性たちである。

当時の清吉が特に力を入れていた販売ルートは、駅の量り売りコーナー、珍味問屋、食品問屋、スナックなどの飲食店。ほか後楽園球場にも納品していた。野球観戦のお供、ビールのアテである。

納品先のひとつに「新幹線」があった。

品川工場時代、菊之少年が見下ろしていた建設中の線路。そこを走る東海道新幹線は、菊水堂がポテトチップス発売をスタートした４ヶ月後、１９６４年10月に開通したが、当時は簡易的なカウンターで軽食を提供する「ビュフェ車」という車両があった。[*33] ここで販売されていた紙箱入りのサンドイッチの「ツマ」として小袋に入っている３枚程度のポテトチップス。これ

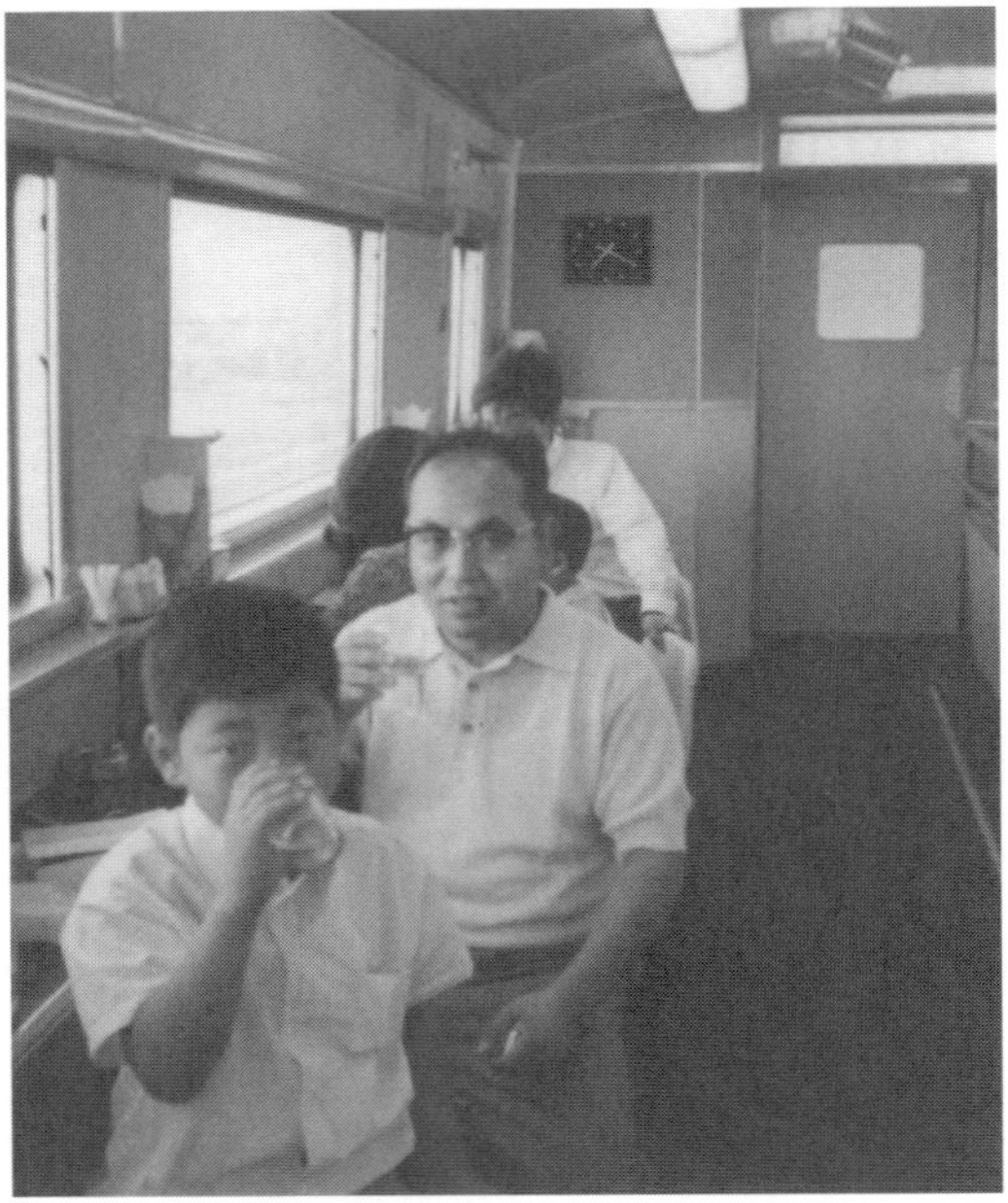

新幹線のビュフェ車にて。清吉と菊之。

を納品していたのが菊水堂である。

開業当時の新幹線は「夢の超特急」であり、庶民にとっては憧れの列車。そのビュフェ車で提供されるほど、ポテトチップスは希少性のある菓子だったのだろう。食べる頃には湿気ってしまっているが、そのことを差し引いても「夢の超特急にふさわしいアッパーな魅力」をたたえていたわけだ。

１９６０年代後半というのは、ポテトチップスの過渡期である。飲み屋などで出された音四郎の「フラ印アメリカンポテトチップ」ほどラグジュアリーなつまみではないが、現在ほど浸透した「大衆のおやつ」にはなりきっていない。東日本中心の流通であることも手伝い、知っている人は知っているし、食べている。ただ、全国津々浦々の一般庶民が気軽に食すほどには普及していない——という具合だ。

湿気っていたのはバラ売り販売された菓子店のポテトチップスも同様だが、菊之はかつて、ポテトチップス草創期を知る埼玉在住の高齢者から、「当時は湿気っていたことも含めて〝東京の高級な味〟だった」という言葉を聞いたことがある。

「過渡期」であったことは、意外なところでも答え合わせができる。

菊水堂は日本最大の菓子業界の展示会「全国菓子大博覧会」の第17回（１９６８年6月開催）で金賞を受賞しているが、その表彰状には「ポラトチップ」と誤記され、「ラ」の真ん中の横棒を伸ばして修正された跡がある。単なるケアレスミスと思われるが、筆耕係が間違ってしまう程度には、「ポテトチップ」が一定の人々には耳馴染《なじ》みのない言葉だったということだ。

「ポラトチップス」と誤記・修正された賞状。

渡米の衝撃

清吉は1968年6月に渡米している。アメリカのポテトチップス工場を視察するためだ。当時は固定相場制で1ドルは360円。日本人の海外渡航自由化（1964年4月）から、まだ幾年も経っていない。海外旅行自体が大変に高価だった時代である。

後年、イワコーの岩沢は渡米について清吉から直接話を聞いている。

「英語できるんですかって聞いたら、全然できない、俺は日本語だって標準語をしゃべれないよって。現地の空港に行けば日本人がきっといるだろうから、その人に聞けばいいんだって」

英語ができまいが渡航費が高くつこうが、清吉にはこの目で見なければならないものがあった。なんでもアメリカの大手メーカーは、ポテトチップスを自分たちのように丸釜では作っていないらしい。

現地で案内されたポテトチップス工場で、清吉は大きな衝撃を受けた。製造が自動化、つまり〈オートメーション化〉されていたのだ。

オートフライヤーと呼ばれる揚げ機の入口に、スライスされたジャガイモが次々と投入されると、出口からはポテトチップスが層になって大量に、次々と揚がってくる。それが自動で袋に充填される。なんという技術。

清吉は帰国後、当時小学生だった菊之に「川が流れるようにポテトチップの層が流れていた」と興奮気味に伝えている。

清吉の中で新たな目標が設定された。

「この機械を菊水堂にも導入したい」

こんな国に勝てるわけがない

渡米時、清吉は見たものを記録するため、８㎜フィルムカメラを携行した。現存するフィルムには、視察したアメリカ西海岸の工場で撮影された最新設備のほか、当時37歳の清吉が異国の地を闊歩《かっぽ》する姿が映っている。

上背がなく、年齢にしては額が広がっているが、恰幅《かっぷく》は良く貫禄《かんろく》十分。同じフレームに映っている現地のアメリカ人と比較すれば、典型的な胴長短足、昭和の日本人体型だが、見劣りはしない。堂々としていて、朗らかで、萎縮しているようには見えない。ネクタイ、ワイシャツ、スーツでびしっと身を固め、小さな体躯《たいく》から肝っ玉と精気が漲《みなぎ》っている。
サンフランシスコの横断歩道にカメラが向けられる。そこには、得意げに横断歩道を渡ってカメラに手を振り、来た道をまた引き返す清吉が写っている。嬉しそうだ。アメリカ有数の大都市を訪れたことを、心から謳歌《おうか》しているように見える。

遡ること23年前、日本はこの国と戦争して手痛い敗北を喫した。そのせいで馬山の岩井家は没落し、清吉は若い頃から働き詰めだった。

清吉は一体何を思ったのだろう。月並みと無粋を承知で言うなら、「こんな国と戦争して、勝てるわけがない」とでも感じただろうか。

「父が8㎜カメラを持って行ったのは、アメリカの豊かさを訴えたかったからではないか」というのは菊之だ。確かに、フィルムに記録されているのはポテトチップス工場だけではない。高台から見下ろすサンフランシスコの街並み、緑の綺麗な芝生、高級住宅街、ヨット、ゴールデンゲートブリッジ、人工の大きな湖、モータリゼーションされた市街地など、日米間に横たわる物量と豊かさの圧倒的な違いが、そこには映っている。

「横断歩道をニコニコして渡っているのも、交通システムが発達しているから交通量が多くてもこれだけ安全に道を渡れるんだ、ってことに感動したんでしょう」（菊之）

清吉は帰国後、映像を周囲の皆に見せて街の様子を饒舌《じょうぜつ》に語った。かつて郷里のきょうだいや親族を東京の工場で引き受け、さまざまな場所に連れ回すことで彼らの見聞を広めようとした清吉の行動が思い起こされる。

1968年6月、渡米時の清吉。8mmカメラで撮影。

このフィルムには小学生だった菊之も大きな衝撃を受けた。アメリカはすごい、いつか行ってみたい。その願いが20歳で叶《かな》った時、清吉は言った。

「お前、ジーパンなんかで行くんじゃないぞ。アメリカにはスーツで行くのが礼儀だ」

オートフライヤーを自作する

渡米と前後する1968年、清吉は埼玉県八潮市垳《がけ》に土地を購入し、またも新工場を建設する。現在の菊水堂の本拠地だ。とはいえ足立区神明の工場は残していたので移転ではない。新設だ。その理由は2つ。

ひとつは、東京都から公害防止条例に基づく移転勧告を受けたため。ポテトチップス製造にあたっての排水が、都の基準を満たせなくなってしまったのだ。

もうひとつは、ポテトチップスの売上が好調で、120坪（当初は100坪だったが、後に120坪に増床）程度しかない神明の工場では手狭になったため。八潮の新設工場は約400坪ある。これにより、八潮をポテトチップス専用工場とし、神明はポテトチップスを引き続き製造しつつ、主にポップコーンを製造することとした。とはいえ、竣工式の際、清吉は菊之に「でかい工場を建ててしまった」と後悔じみた言葉をつぶやいたそうだ。

この広い八潮の工場に、清吉は念願の新設備を導入する。アメリカのポテトチップス工場で目の当たりにした、オートフライヤーだ。丸釜にスライスしたジャガイモを投入して人力でいちいち引き上げるのではなく、ジャガイモが次々と、ベルトコンベアの要領で揚げ油のプール

（流し釜）に送り込まれ、次々と揚がっていく。

清吉はこの設備をアメリカから輸入するのではなく、国内で自作することにした。1ドル360円の時代、菊水堂のような中小企業に海外製の高価な設備を輸入する資金力はない。実製作にあたったのは、八潮工場の建屋やそこに敷設された事務所を建築した宮川鉄工。社長の宮川は、戦前に朝鮮半島で鉄工所を経営し、現地で数千人を雇用していた人物である。

ただ、清吉が宮川鉄工に作らせたフライヤーは、アメリカで見たものよりは相当にシンプルな造りで簡易的なものだった。流し釜の中を揚げ油で満たし、下から丸釜用のバーナーで熱する。そこをジャガイモが移動する間に揚がる、という寸法だ。

果たして、試作1号機は木っ端微塵《こっぱみじん》となった。立ち会った金造が述懐する。

「レンガを積んで、その上に流し釜を設置するの。最初、沸かした湯を入れてテストしたら大成功だったけど、本番で油を入れて熱したら、大きな音を立てて釜が裂けちゃった。油はお湯よりずっと高温で、160度、170度もあるからね」（金造）

鉄製の流し釜は頑丈にできていたが、底の厚みと側面の厚みが同じだったため、鉄の膨張による歪《ゆが》みを吸収できず、高温に耐えられなかった。そこで2号機は底板を薄いものに変えたところ、歪みを吸収することに成功してうまくいった。

早すぎた挑戦

ただし、「このオートフライヤー2号機で菊水堂はポテトチップスの大量生産を実現し、高い生産効率を達成した」とはならなかった。とにかく歩留まり率（投入した原料に対する完成品の割合）が低かったのだ。

機械の熱効率の悪さなどもあるが、最も大きかったのはジャガイモ側の問題である。連続フライに適したジャガイモを確保するのが難しかったのだ。

ジャガイモは、育てた農家ごと、畑ごとに品質差がある。大きさも、水分も、糖分も、バラバラだ。だから、流し釜で同じ時間だけフライしても、ジャガイモによって出来上がりにばらつきが出る。ちょうどよく揚がったもの、焦げたもの、生揚げのものが混在してしまう。

湖池屋の現会長・小池孝も、筆者が２０２１年に行ったインタビューで、初期のオートフライヤーではジャガイモの個体が同じ大きさ、同じ品質でないとうまく揚がらないことを強調していた。

手揚げ式の丸釜の場合、そのあたりは微調整できる。経験が必要ではあるが、釜ごとに焦げ具合を目視しながら引き上げのタイミングを調整できるからだ。ジャガイモの品質にムラがあっても対応が可能である。

しかし、一律で同じ時間だけ油に晒される流し釜の場合、微調整は不可能だ。出来上がりには必ずばらつきが生じる。これを解決するには、ジャガイモ側の「仕様」を統一するしかない。

ポテトチップスをオートメーションによって大量生産するには、設備だけでは足りない。均一な大きさ、均一な質のジャガイモを大量に確保する必要がある。ただ、さまざまな農家から個別にジャガイモを買い付けていた当時の菊水堂にとって、それは無理な話だった。

そもそも、ポテトチップスに適した専用品種自体、当時の日本には存在しなかった。

ポテトチップス専用品種とは、ポテトチップスの原料として最適化された品種のことだ。現在では多くの専用品種が開発されているが、それらに共通する特徴は、糖度が低い（揚げたときに焦げにくい）、光に当たっても皮が緑化しにくい（緑化すると有毒なソラニンの含有量が多くなる）、目（芽が生えてくる窪み）が浅く自動皮むき機を使った際に芽も除去できる、といった点が挙げられる。

ただ、日本で最初期のポテトチップス用品種である「ワセシロ」の品種登録は１９７４年、「トヨシロ」は１９７６年であり、１９６０年代の日本にポテトチップス専用品種は存在していない。

いっぽう、ポテトチップス先進国のアメリカは日本より前から専用品種が存在した。清吉は渡米時、すべすべした楕円《だえん》形の美しいジャガイモを見ていたので、オートフライヤーがうまくいかないのはジャガイモのせいだと確信する。そこで、生ジャガイモをスーツケースの隙間に隠して日本に持ち帰り（事実上の〝密輸〟である）、群馬県の嬬恋《つまごい》馬鈴薯《ばれいしょ》原原種農場に持ち込んだが、まるで相手にされなかったという。清吉はポテトチップスに適した専用品種の育種が日本で遅れていることを常に憂えていた。

下仁田の親族に頼み、アメリカのジャガイモを種芋として畑に植えてもらったこともあったが、芽は出なかった。アメリカのジャガイモは発芽を止める薬で処理済みだったのだ。

結局、八潮では従来のジャガイモを使って流し釜でポテトチップスを生産したが、神明工場での手揚げ・丸釜式の生産量を上回ることは——2号機が稼働していた足掛け8年の間——一度もなかった。「アイデアは満載だったが、とても幼稚だった」とは菊之の弁。

すべてが早すぎた。

すべてが手探りだった。

だが、人がやっていないことをやった。

それが岩井清吉という男の境涯だ。

「量産化」一番乗りは誰なのか

オートフライヤーを使用したポテトチップス製造のオートメーション化のことを、ポテトチップス史においては「量産化」と呼ぶ。

国内ポテトチップス史における三大事件を筆者の私見で挙げるなら、第一は濱田音四郎による国産ポテトチップス「フラ印アメリカンポテトチップ」の発売（1950年）、第二は湖池屋がおやつとして打ち出したポテトチップス「のり塩」の発売（1962年）、第三は現在に連なる巨人・カルビーの市場参入（1975年）だ。

ここにもうひとつ、第四を付け加えるなら、「量産化による大量生産の実現」であろう。

では、量産化を最も早く達成したメーカーはどこなのか。実は、確認できただけで4つもの説がある。

①「１９６７年、湖池屋」説

湖池屋は自社ホームページ内で「１９６７年にポテトチップスの量産化に成功」「日本で初めて量産化に成功したポテトチップスです」と謳っており、現存する他メーカーが公に同様の主張をしていないため、現在のところＴＶ番組や雑誌などではこう書かれることが多い。１９６７年、つまり菊水堂に1年先んじている。

湖池屋の小池和夫が量産化に踏み切った経緯は清吉と似ている。小池もアメリカのポテトチップス工場を視察し、そこで見たオートフライヤーの記憶とメモ、撮影を許された写真を頼りに機械工に発注し、試行錯誤の末に完成させたのだ。

②「１９６７年、湖池屋」説

清吉は「１９６８年、菊水堂」説に生前から一貫して異議を申し立てていた。国内初の量産化は、１９６８年に宮川鉄工製の流し釜を導入した自分である、というのだ。

２００８年3月12日にＴＢＳで放送された『第二アサ秘ジャーナル　大人の社会科見学シリーズ』という番組で、浅草キッドのふたりが八潮の菊水堂を訪問している。番組冒頭では「菊水堂は工場のラインで**ポテトチップスの大量生産に挑んだ日本で初めての会社**だった」（傍点筆者）というナレーションが流れた。

同番組内で、当時77歳の清吉は「（大量生産は）あたしが一番最初」と言った。根拠はその後の言葉に現れている。

「菓子屋やってるんだから、よく知ってた」

長く菓子業界に身を置いている清吉としては、菓子業界のことは当時からなんでも耳に入ってきていた。にもかかわらず「湖池屋が量産化に成功した」などというビッグニュースが入ってこないはずがない。菊水堂は全国油菓工業協同組合にも所属していたのだから、なおのこと。菊之が筆者に補足する。

「父は湖池屋さんが自分より前にオートフライヤーを製作したとは信じていませんでした。彼らの主張する1967年の〝量産化〟はオートメーション化ではなく、単に丸釜を大量に設置したことではないか、と考えていたようです」

当時、オートメーション化は各社がそれぞれに試みていたようだ。金造が当時の記憶をたどる。

「うちが宮川鉄工さんと試行錯誤してた頃、湖池屋さんとか山芳（製菓）さんも、前後して一斉にオートメーション化を試みてて、みんな同じように苦労していたと思う。皆、どう解決していいかわからない。そういう中で、**うちだけがうまくいった**」（傍点筆者）

菊之は別の〝判断材料〟を筆者に提示した。

「うちの宮川鉄工製のフライヤーを参考にして、伊藤製菓さんも1970年に独力でオートフライヤーを作り、実働させました。それを推し進めたのは当時の佐藤秀雄工場長[*34]ですが、佐藤さんも後年、同社が廃業して菊水堂に技術指導に来ていただいた際、『湖池屋さん、（量産化は）まだだったんじゃない？』と言っていました」

菊之はこの件に関し、「答えのない議論」だと前置きしつつ言った。

「湖池屋さんが最初にオートメーション化に成功したことを、父が知らなかっただけかもしれません。ただ、父が自信をもって自分が最初だと言っていたのは事実ですし、生涯を通じて『人の真似はしたことはない』と強く言い続けていました。アメリカで視察した機械は真似したわけですが（笑）」

③「1963年、東京スナック食品」説

東京スナック食品（旧デイリー食品）は市場草創期よりポテトチップスを製造しているメーカーである。後に「フラ印」ブランドをアメリカンポテトチップ社より譲渡され、カルビーの子会社となったのち2006年に法人は解散しているが、同社がカルビーの子会社だった時代の会社案内の「プロフィール」ページには、会社沿革としてこう書かれている。

「昭和38年2月・東京スナック食品株式会社に社名変更、外資導入で資本金1764万円に増資、**日本で最初のポテトチップス・オートメーション設備を導入し**、神奈川県茅ヶ崎市に工場を建設」（傍点筆者）

昭和38年とは1963年、つまり湖池屋より4年も早いことになる。

これを裏付けるのが、富士経済が1969年に刊行した『'70 食品マーケティング要覧　第1　スナック食品市場の展望』である。同誌には、1969年時点でポテトチップス製造が

「機械化（同誌より）」されているポテトチップスメーカーとして、「東京スナック食品、湖池屋、アメリカン　ポテトチップ等」と列記されており、その上で「特に東京スナック食品は、茅ヶ崎に工場を持ち、アメリカフリートレイー社[*35]ハワイブランチと機械導入及び技術提携（S.38.4）をして飛躍的な伸びを示した」と書かれている。「S.38.4」とは昭和38年4月、つまり1963年だ。

なおアメリカフリートレイー社とは、当時急成長していたアメリカの超大手スナックメーカー、フリトー・レイ社（Frito-Lay, Inc.）のこと。現在はペプシコ社のブランド（日本では「フリトレー」で知られる）として、ポテトチップスの「Lay's」ほか、コーンスナックの「ドリトス」や「チートス」を販売している。

さらに、1987年に刊行された業界誌「油脂」（Vol.40, No.11）の記事「ポテトチップス市場の動向　1,000億円を超える市場に成長　味、形の多様化がさらに進む」には、ポテトチップス市場の規模と歴史を振り返るくだりに、以下の記述がある。

「わが国のポテトチップス工業は、戦後進駐軍向けに生産した家内工業からスタートしている。当時の生産はハンドメイドの丸釜フライヤー方式で行われ、全国のローカルメーカーに普及し小規模の市場が形成された。

現在のオートフライヤー方式になったのは、昭和38年に東京スナック食品がアメリカ・フェリー社製を導入してからである。次いで油菓子メーカー湖池屋などが参入し、昭和40年代には80億円を超える市場になったが、石油ショックの影響もあって次第に斜陽化し倒産企業の出現

もあった」（傍点筆者）

こちらは東京スナック食品が一番乗りであることだけでなく、明確に「湖池屋が二番手」であるとまで言い切っている。

東京スナック食品が日本で最初に量産化（＝オートメーション化）したことが記されている資料は他にも複数確認できる。[*36] ただ、ここで言う「量産化」の付帯条件を「海外からの機械導入によるもの」ではなく「国内で設計・製作した機械によるもの」とするなら、東京スナック食品は除外されるべきなのかもしれない。

④「1971年、東京スナック食品」説

①②③の説に首をかしげるのが狩谷昭男だ。筆者は2023年に刊行した前著『ポテトチップスと日本人　人生に寄り添う国民食の誕生』において、①の「1967年、湖池屋説」を定説として扱ったが、拙著を読んだ狩谷はこの記述に強烈な違和感をおぼえたと筆者に語った。以下は2024年7月に狩谷宅を訪問した際に聞いた話だ。

1971年の夏、当時農林省畑作振興課のいも類班にいた狩谷は、上司（第4章で後述する、いも類班の班長・山口篤課長補佐）とともに国鉄東海道線に乗り込んだ。行き先は東京スナック食品の茅ヶ崎工場。ここでお披露目されるポテトチップスのオートフライヤーを見に行くのだ。その少し前に、東京スナックから農林省宛てに内覧の招待状が届いていた。

到着した茅ヶ崎工場には、ポテトチップス業者、マスコミ、農林省の人間が5、60人ほど集

まっており、長さ数メートルの立派なオートフライヤーがお披露目され、狩谷の目の前で実際に稼働した。

狩谷の認識では、これこそが「業界で初めてポテトチップスの量産化を実現したオートフライヤー」だ。すなわち「ポテトチップス業界においてオートメーションの先鞭《せんべん》をつけたのは東京スナック食品であり、湖池屋や菊水堂ではない」というのが狩谷の主張である。

先述したように、狩谷は1970年4月から畑作振興課のいも類班に在籍し、同年夏頃から業界調査とポテトチップスメーカー各社へのヒアリングを重ねている。つまり当時の業界動向にはかなり通じている立場にあった。その狩谷による「1971年夏の時点で、オートメーション化されているという他のポテトチップスメーカーの話は聞いたことがなかった」という断言には大きな説得力がある。

狩谷はその後、「農業および園芸」という専門誌の第47巻第3号（1972年3月号）に「農業講座　農業生産物の流通と改善（11）——馬鈴しょ加工食品の生産と流通——」という文章を寄稿しているが、そこには、ポテトチップスメーカーの零細性を指摘するくだりで「生産も東京スナック食品、湖池屋、ディリー商事の3社の大型自動フライヤー方式を除き、旧来の平釜フライヤー方式によっており、家内工業的経営から脱していない」とある。この列記順がすなわち狩谷の認識する量産化の達成順だという。

「湖池屋、デイリー商事に関しては、東京スナック食品とほぼ同時期（1971年夏以降）にオートメーション化を達成したのだと思います。順番としては、まず東京スナック食品茅ヶ崎工場のお披露目があり、それを機に業界内でオートメーションシステム導入の機運が高まり、フライヤーメーカーの売り込みを受けた湖池屋やデイリー商事が導入した、という感じではないでしょうか」（狩谷）

狩谷は③「1963年、東京スナック食品」説も「違う」と即答した。1963年といえば湖池屋が「のり塩」を発売した翌年であり、かなりの草創期。こんな早い時期にまともなオートメーション化がなされるわけがない。何かの機械が導入されたのだとしても、1971年にお披露目されたものとは違うものだろうし、仮にアメリカ製のオートメーション機械を導入していたとしても、まともに使いこなしてはいなかったのではないか――それが狩谷の考えだ。

初期の「量産化」は自慢できるようなものではなかった？

なぜここまで「量産化一番乗り」がはっきりしないのかといえば、「量産化」「オートメーション化」の定義が、特に当時においては非常に曖昧だったからだ。

もし「量産化」を単に「一度に大量のポテトチップスを作る仕組み」というだけの意味とするなら、丸釜を大量に増やしただけで「量産化」は一応達成される。清吉はこの疑惑をもって、①「1967年、湖池屋」説を認めなかった。

簡易的なオートフライヤーの導入を「オートメーション化」と呼んでいいかどうかという問題もある。菊水堂が1968年に導入した「従来の丸釜を長い流し釜に置き換えた簡易的なオートフライヤー」はそれに該当するし、湖池屋が1967年に導入したとされるものも、そうであった可能性がある。

しかも、菊水堂が導入した簡易的なオートフライヤーは生産効率が悪く、手揚げ・丸釜式の生産量を上回ることはなかった。量産を至上目的とするオートメーションなのに、従来の丸釜式の生産量を上回れないものを、果たしてオートメーションと呼んでよいものか？

ここからは筆者の推測である。

1960年代を通じて、国内の各ポテトチップスメーカーは同時多発的に「一度に大量のポテトチップスを製造する方法」を模索していた。それは丸釜を増設することだったかもしれないし、本場アメリカのオートフライヤーの着想や技術の一部を拝借した簡易的なオートフライヤーの自作だったかもしれない。

後者だとした場合、手探りで作った簡易的なオートフライヤーは不具合が多い。それゆえ、業界内で自信満々に「オートメーション化一番乗り！」と声を上げにくかったのだとすれば、どうか。狩谷のヒアリングにひっかからなかった理由は、このあたりにあるのではないか。

いくつかのメーカーは、各社が各社なりに量産化の仕組みを整えていたが、製造効率を劇的に向上させるほど革新的なものはなかった。だから声高には自慢しなかった——と考えるのはどうだろう。実際、狩谷が1971年夏に東京スナック食品茅ヶ崎工場で目撃したオートフライヤーですら、内覧会では不具合が多かったという。動いたと思ったら止まり、また動いたと思ったら止まり、の繰り返し。会場からは失笑が漏れていたそうだ。1971年に内覧会で堂々とお披露目するほどのものでさえこの体たらくなのだから、さらに前である1960年代の状況は推して知るべし。

結果、いつ、どのメーカーが、どのような「量産化」の仕組みを実行したのかがはっきりしないまま現在に至り、唯一「日本で初めて量産化に成功した」と公言する湖池屋の主張だけが残った。

なお、湖池屋も菊水堂も加盟する日本スナック・シリアルフーズ協会（前身は日本ポテトチップ協会）にこの件を問い合わせたところ、「どのレベルでオートメーションと呼ぶのか」は保留としつつも、「実際のところは不明ですが、湖池屋以外のメーカーが異を唱えないところをみると、おそらくそう（①「１９６７年、湖池屋」説）なのでしょう」との回答を得た。

菓子のイノベーターたち

清吉が量産化に血道をあげたのは、それだけポテトチップスの売上が良かったからだが、清吉はポテトチップス以外にもさまざまな菓子の製造を試行錯誤していた。
「兄貴はどんな菓子が突破口になるかの研究を常にやってた。ものにならなかったものまで入れたら、かなりの数になるだろうね。瓦せんべいだけじゃ心配だからって」（金造）
その後も、ベビーどら焼き、人形焼き、ポンせんべい、ポップコーン、製麺機を使ったスナック菓子や愛知の小麦生地を使ったスナック菓子、野菜チップ（クワイ〈おせち料理などに使われる根菜の一種〉、レンコン、ニンジン）、雑穀を入れた「うまい棒」のような菓子、えび満月、えびせん、芋けんぴ、芋納豆、いもせん（芋けんぴをポテトチップスライサーでカットして油で揚げたもの）などを作った。たい焼き、たこ焼き、あん巻きをデパートで実演販売していた時期もある。

この時期、新しい菓子を模索していたのは清吉だけではない。

清吉は神明工場時代、近隣に自社工場を持つ13歳上の菓子職人と顔見知りになる。名は藤縄《ふじなわ》則一《のりいち》。富山に生まれ、15の年で従兄弟が営む東京の菓子屋に奉公に出た。その後は兄ふたりと力を合わせ、１９３４（昭和９）年、藤縄商店という屋号で独立する。群馬から東京に出て菓子作りを学び、兄弟姉妹と手を取り合って菊水堂を繁盛させた清吉と、どこか重なる。

藤縄商店の菓子作りは太平洋戦争によって一時中断するが、戦後に再開。チョコレートの生産を行うが、大手メーカーががっちり入り込むスーパーマーケットが躍進するにつれて小売店が低迷すると、小売店中心に取引していた藤縄商店も苦しくなる。

一計を案じた藤縄は、百貨店を中心としたギフト市場に目をつける。高級感のある菓子製造に方向転換するのだ。

そうして発案されたのが、フランスの伝統的なクッキーであるラングドシャをロール状に巻いた菓子だ。藤縄は１９６９年、そのユニークな形状の菓子を販売すべく、百貨店向けの菓子販売会社を設立した。

会社名はヨックモック。菓子の名は「シガール」。現在に至るも贈答品や手土産として多く利用されている定番菓子だ。[*37]

ちなみに、ラングドシャの主な材料は小麦粉、砂糖、卵白、バターだが、清吉が長らく製造していた瓦せんべいは小麦粉、砂糖、全卵なので、両者に大きな違いはない。

また、瓦せんべいは前述の通り「小麦粉だけで作っていた和風の菓子に洋風の砂糖や卵を加えたアイデア菓子」だが、シガールも「ラングドシャというフランスの伝統的な菓子を日本人が〝巻いた〟アイデア菓子」だ。いずれも巧みな和洋折衷を駆使することでクリエイトされた、日本人の舌にフィットする菓子である。

日本人は長らく、海外の文化や技術をそのまま受け入れるのではなく、自分たちの嗜好や環境にフィットさせるべく、念入りに調整と改造を重ねてきた。発祥は海外ながらガラパゴス的進化を遂げて国民食化したラーメンやカレーはその代表格。軽自動車や温水洗浄便座、リミテッドアニメや初期のRPG、仏教もその部類に入る。ポテトチップスもご多分に漏れず、1980年代以降、海外では到底発想されない味付けを施されてガラパゴス的な進化を遂げ、世界一のフレーバーバリエーションを備える形で現在に至っている。

昭和の日本では、藤縄や清吉のような者たちがまさにその立役者だった。地方出身、戦争のダメージをさまざまな形で受けながらも、試行錯誤の末に新しいプロダクトを作り上げ、それを大衆に浸透させ、後にジャパンオリジナルとして定番化させていったのだ。

清吉と藤縄という稀代の菓子職人が、たまたま同時期に足立区内に工場を構え、かつ顔見知りだったことは、その後の日本の菓子文化を予感させるようで、実に啓示じみている。

品川時代、郷里のきょうだいたちに「東京体験」をさせた清吉だったが、神明や八潮の工場にも同様に多くの血縁者たちが出入りしていた。まさ子の末の妹である岡﨑八重子《やえこ》（1946－）とその夫、岡﨑富藏《とみぞう》（1943－）もそうだ。

八重子は結婚前の20歳ごろから下仁田から上京して菊水堂を手伝っており、そのさなかに東京で富藏と結婚した。当時の富藏は砂糖や食油などを扱う日暮里の原料問屋に勤めており、その大口取引先のひとつが菊水堂だった関係で八重子と出会ったという。

結婚後、富藏は菊水堂に転職し、ポテトチップスを丸釜で手揚げする作業に従事した後、営業担当となる。販路を広げ、菊水堂のポテトチップの取扱店を増やすのがミッションだ。

ただ、その方針に関しては、当時八潮工場の工場長だった清吉の弟・正三と激しく衝突した。富藏は語る。

「昔はコンビニなんてなかったから、売るところはスーパーと小売店だけなんだけど、スーパーはうちよりずっと大きい湖池屋さんが上手に入り込んでる。菊水堂はスーパーにとっかかりがなかったから、入り込むにはポテトチップス以外に何か逆転できるような新しい商品を持ってかないといけない。それで正三さんに、他の商品も考えたほうがいいんじゃないですかって言ったら、頭から反対されちゃってね。内心、何言ってんだ、この野郎って思ったよ。こっちとしては湖池屋なんかに負けたくない。俺自身、のし上がりたいって気持ちが強かったから。

悔しかったね」

富藏は取り扱いチャネルの拡大や大口取引を狙っていたが、ことごとく菊水堂の方針とは合わず、結局、菊水堂を辞めて別の菓子メーカーに移る。

菊水堂、ひいては清吉は、規模を求める大手の全国流通に背を向けたことで、いずれ大きな苦境に身を置くことになる。富藏との衝突はその予兆に過ぎなかった。

叔父さんは〝師匠〟だった

この時期になると、清吉やまさ子のきょうだい世代だけでなく、その子世代、甥っ子や姪っ子も工場に出入りし、かつ住み込みで清吉が面倒を見るようになってくる。

まさ子の姪っ子（ふたりの姉の、それぞれの娘）である岡野千代美（１９５０－）と花岡光子（１９５０－）は地元の高校を卒業後、揃って菊水堂に手伝いに来た。

「忙しくてどうしても手が足りないってんで、従姉妹同士で一緒にね。住み込みで2年くらいポテト（チップス）を作ってたよ。今は全部オートメーションだけど、当時は全部手作業。揚げるのはおっかないから、私は手伝わなかったけど」（花岡光子）

「何しろあっつ《熱》いんだもの、釜は」（岡野千代美）

清吉の長兄である量平の息子、康雄（１９５２－）も、高校卒業後に上京した。

「親父（量平）の勧めで、社会勉強も兼ねて神明の工場で世話になったんですよ。丸釜でポテトチップスを揚げてました。まあ居心地が良くてね。叔母さん（まさ子）に飯作ってもらえるし、洗濯もしてもらえるから。でも居心地が良すぎて、これじゃあ駄目になるなって（笑）」

八潮に工場が新設されたため、康雄も移ることにした。それを機に、食事も洗濯も自分でやるようになった。康雄は清吉叔父から多くのことを学んだという。

「工場の床にジャガイモがひとつ転がってる。普通の従業員だったら蹴っちゃうかもしれないけど、お前は1つも無駄にするな、必ず拾っておけって。なぜならお前は社長である俺の親戚だから。そのうえで、従業員には絶対に自分は社長の親戚だという顔をするなよと」

康雄は免許を取って1週間で、トラックでの配達もやらされた。住所だけを渡され、電柱に貼ってある番地表示を頼りに配達する。東京から静岡の菓子屋まで単身配達に行ったこともある。ただ、たどり着くには着いたものの、指定の時間に遅れてしまい、菓子屋はもう閉まっていた。仕方なく呼び鈴を押す。すると社長が出てきたので謝罪すると、もう店を閉めてしまったので荷下ろしはできない、うちに泊まって明日の朝に荷下ろしをして帰れと言われた。

清吉と一緒にスーパーの拡売に行ったこともある。

「田舎者だから、都会の売り場でなかなか声が出せない。若い女の子連れなんかが通ると恥ずかしくって。それで小さい声でボソボソやってると、清吉叔父さんから『声が小さいぞ』って怒られる。問屋回りにも連れていかれたんですけど、お前も頭下げろ、よろしくお願いしますと言えって。そこでも、ちっちゃい声じゃ駄目だ、大きい声でやれってね。そういうので鍛えられたから、段々度胸がついてきて。今じゃ、どこ行っても平気です」

結局、康雄は菊水堂で2年間働いた。

「短いと言えば短いけど、中身の濃い経験をさせてもらいました。あの時の体験が今に生きてる。自分の中で叔父さんは、いまだに〝師匠〟です」

70年の大阪万博と71年のザ・ポテト・チップス

1960年代後半から1970年代初頭にかけて、菊水堂の売上は増加の一途にあった。その大黒柱はもちろんポテトチップス。味付けは塩だけでなく、青のり、カレーなどとバリエーションを広げていた。

この時期の菊水堂の状況は、当時の世相とも密接に関係している。

1970（昭和45）年3月から9月に、大阪府吹田市の千里丘陵で日本万国博覧会、いわゆる大阪万博が開催された。日本が国家の威信をかけて実現させた、アジア初の国際博覧会だ。

実は大阪万博は、ポテトチップスと浅からぬ縁がある。というのも、多くの外国人が来日してステーキの付け合わせなどに使われるフライドポテトの需要が急拡大したため、国内のジャガイモ価格が急騰したのだ。相場の3倍に値上がりしたという話もある。いくらポテトチップスの売上が好調でも、原材料費がここまで上がれば利益は削られる。

これにポテトチップスメーカーはどう対応したか。菊之が清吉から聞いたところによれば、製造そのものを一時休止したメーカーもあれば、契約栽培のジャガイモを転売することで逆に一儲けした不届きなメーカーもあったらしい。

「父の言葉なので真偽はわかりませんが、あるメーカーの確保した原料ジャガイモが、東京の

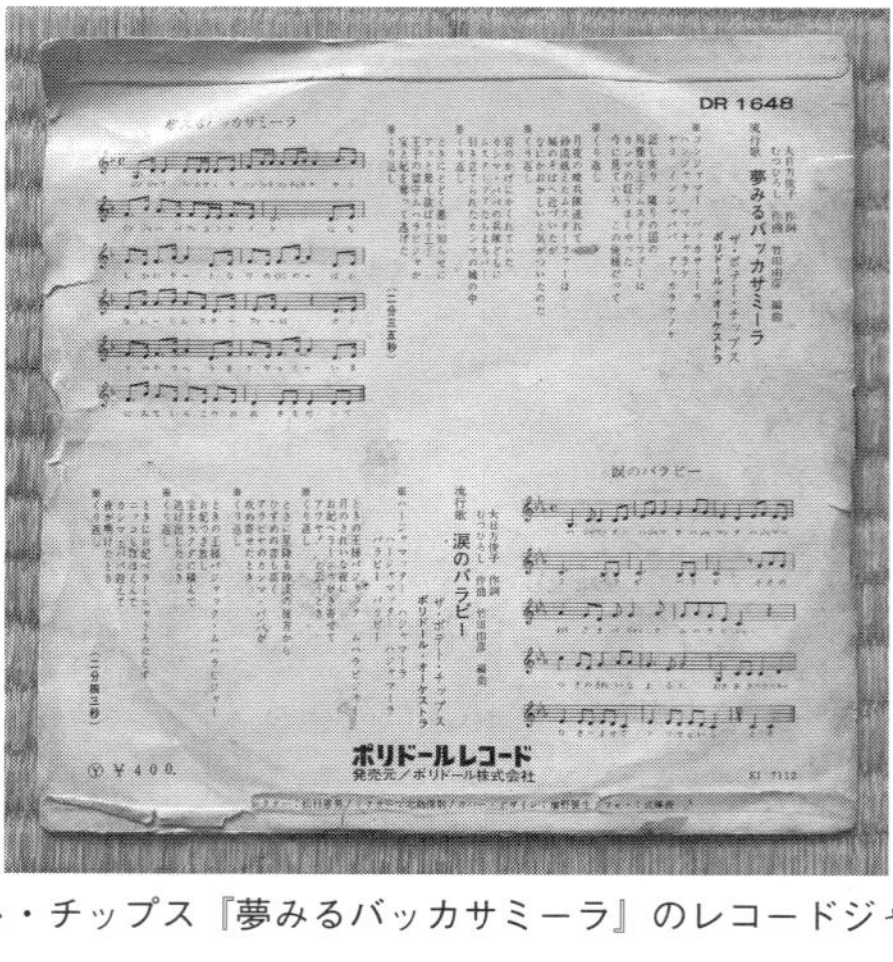

ザ・ポテト・チップス『夢みるバッカサミーラ』のレコードジャケット。

工場ではなく大阪に貨車で送られたそうです。ポテトチップスを作るはずのジャガイモを、当のポテトチップスメーカーが大阪万博に訪れた外国人向けに転売して儲けたと。父は『けしからん。供給責任がある！』と怒っていました」

清吉自身は原料価格の高騰による利益の圧縮は意に介さず、仕入れ量を減らすことなくポテトチップスの販売を継続した。曰《いわ》く、「うちは、お客様のために作る」

翌1971年、「ザ・ポテト・チップス」なる女性3人組トリオ歌手がレコードデビューした。デビュー曲は『夢みるバッカサミーラ』。ザ・キング・トーンズの『グッド・ナイト・ベイビー』や和田アキ子の『どしゃぶりの雨の中で』を手掛けた、作詞：大日方俊子、作曲：むつひろしのコンビによるものだった。

ただ、アメリカ発のスナックである「ポテトチップス」を名前に冠しながら、レコードのジャケット写真で3人が着ている衣装はなぜかアラビア風。歌詞も「馬鹿な王子ムスターファ―」「月夜」「砂漠」と同じくアラビア風。ポテトチップスという菓子が「ハイカラで異国情緒を喚起する語感ではあるが、出自など詳しいことは知られていない」存在だったということか。「全国菓子大博覧会」の表彰状の誤記「ポラトチップ」に通じる〝過渡期感〟がある。にしても、欧米と中東の混同はあまりに雑だ。

ザ・ポテト・チップスは1971年11月21日に銀座4丁目の交差点付近、山野楽器前で販促キャンペーンを行った。そこでタイアップしたのが菊水堂である。

当時の写真には、菊水堂のハッピを着た社員とおぼしき人の姿が写っている。プラカードには、当時の菊水堂のパッケージキャラクターであるネイティブ・アメリカンの娘が描かれ「インディアン娘でおなじみの菊水堂」とあるが（P.89）、ここでもアラビア風世界観のザ・ポテト・チップスとは世界観が交通渋滞を起こしていて微笑ましい。

ちなみに、1970年代に一世を風靡《ふうび》した女性3人組アイドルグループ「キャンディーズ」のレコードデビューは1973年（命名は1972年）なので、その人気にあやかってお菓子つながりで「キャンディー」→「ポテトチップス」と名付けたわけではないことは、念のため付記しておく。

銀座のマクドナルドとおやつの洋食化

ザ・ポテト・チップスの銀座写真からは当時の世相が読み取れる。

写真①のプラカードには「ドルショック　ブッ飛バセ」とある。「ドルショック」とは1971年8月15日に米ニクソン大統領が発表した「ドルと金との交換停止」によりドルの価値が急落し、ドルを基軸とするブレトン＝ウッズ体制が崩壊したことを指す。この結果、各国通貨の固定相場制が崩れた。

日本は戦後1949年から22年間、固定相場制の1ドル＝360円の超円安だったため輸出産業に有利で、それを原動力に高度経済成長をブーストさせられた。しかし固定相場制が崩れたことで高度経済成長は終焉《しゅうえん》に向かい、低成長時代に突入せざるをえなくなる。その危機感と不安感が「ドルショック　ブッ飛バセ」という文言に現れていた。

ザ・ポテト・チップスの販促キャンペーン。1971年11月21日、銀座4丁目交差点の山野楽器前。

①

②

「ドルショック　ブッ飛バセ」のプラカード（写真①）と、中央奥に確認できるマクドナルドの看板（写真②）。

写真②の中央奥には、ゴールデンアーチのロゴと「McDonald's」が確認できる。これはキャンペーンから4ヶ月前の1971年7月、山野楽器の真向かいにある銀座三越1階にオープンしたマクドナルドの日本第1号店だ。

マクドナルドは1969年に飲食業の外国資本が自由化されたことを受けて日本進出した海外飲食チェーンのひとつ。ダンキンドーナツ（1970年）、ミスタードーナツ（1971年）、ケンタッキーフライドチキン（1970年）なども、前後して日本進出を果たした。

清吉の第二子で菊之の妹である和子は、清吉によってこのマクドナルドに連れて来られたことがある。

「父は、何か新しい店や施設がオープンすると必ず子供たちを連れて行く人でしたが、事前に私たちの意思確認なんてしない。子供の頃はパジャマのまま車に押し込められました。兄（菊之）や弟（進）は、そういうのが大好きだったけど、私は嫌いだったので、外出たくないって意地を張って、ずっと家にいたこともあります（笑）」

日本に進出したファストフードチェーンが整えたのは、日本の庶民が「安く気軽な洋食」を食べられる環境だった。当時の多くの日本人にとってホテルや洋食店で食事をする機会はなくとも、ハンバーガーやドーナツやフライドチキンを安価に食すことはできた。日本人の食生活の変化、いわゆる「洋食化」はこの時期に一段と加速している。

その「洋食化」はある意味で、当時の子供たちが食べるおやつにまで波及した。2021年の総務省「家計調査年報」によると、世帯主の年齢が50代と60代の間で「せんべい」と「スナック菓子」の年間購入額が逆転するが（Ｐ１３２）、この結果は興味深い。多くの人は年を重ねても若い頃に慣れ親しんだ菓子を食べ続ける。この調査で言う50代とは、調査時期からして主に１９６０年代生まれだが、彼らはファストフードチェーンが次々と上陸して店舗数を増やしていった１９７０年代に、多感な子供時代を過ごしている。海外からやってきた「手軽な洋食」の強烈な洗礼を受けた彼らの食すおやつもまた、せんべいなどからポテトチップスに代表されるスナック菓子に置き換わっていったわけだ。

It is written

芸能界とのコラボ。おやつの洋食化による世相の追い風。銀座で「ザ・ポテト・チップス」が華やかなキャンペーンを繰り広げていた時期、ポテトチップスメーカーは大小合わせて１００社前後もあり、菊水堂も絶頂期だった。

ここまでの清吉の半生を振り返ってみて、ある1本の映画を連想する。第81回アカデミー賞で作品賞を含む8部門を受賞した『スラムドッグ$ミリオネア』（08年）だ。

監督は『トレイン・スポッティング』（96）『28日後…』（02）『スティーブ・ジョブズ』（15）などで知られるダニー・ボイル。インドのスラム街で育った苦労人の青年ジャマールが、ひょんなことから高額賞金のかかったＴＶのクイズ番組に出場することになるが、驚くべきことに次々と難問に正解する。ろくに教育も受けていないのに、なぜ正解できるのか？　実は、ジャマールがそれまで生きてきた人生の中に、「クイズの答え」がすべて含まれていたの

せんべいとスナック菓子の1世帯あたりの年間購入額（二人以上の世帯）

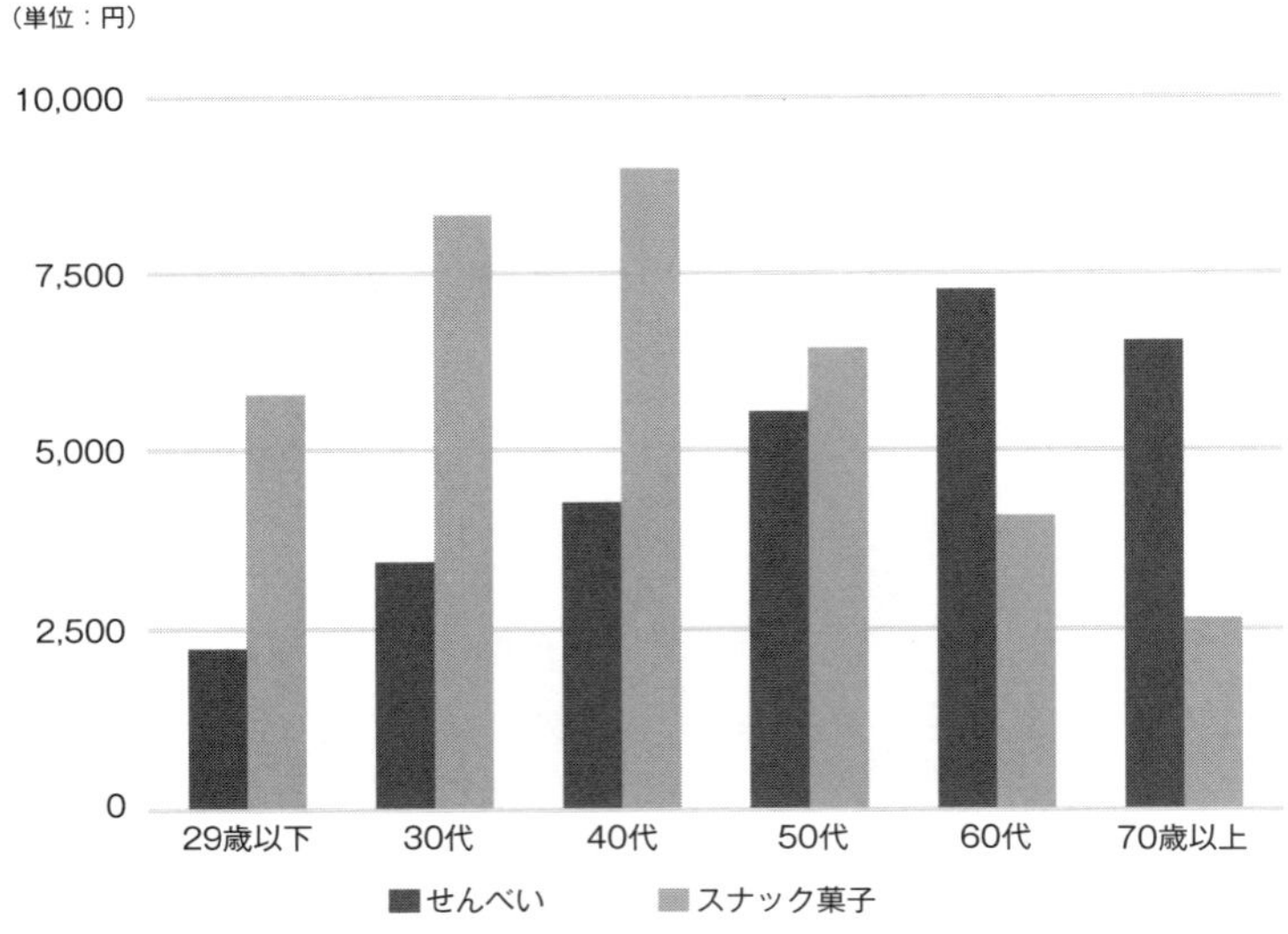

総務省統計局「家計調査年報（家計収支編）2021年（令和３年）」をもとに筆者作成

だ。非常に寓話《ぐうわ》性の高い物語である。

群馬の田舎出身の瓦せんべい職人である清吉は、なぜ見たことも食べたこともない舶来産の菓子を作ることができたのか？

それまでに清吉が送った人生の中に、その答えがあったからだ。

ここまでの清吉の人生を振り返ってみよう。


ジャガイモを薄く切るには、故郷でよく目にしていたコンニャク芋用のスライサーを使えばいいと思いついた。蒟蒻もポテトチップスも原料は同じ「芋」だ。

飛び込み営業のスキルや、ポテトチップスを日配品として扱いルートセールスで効率的に売り回るメソッドは、善太郎叔父との芋羊羹売りで身につけた。

養蚕業が盛んだった下仁田では、多くの人が糸取りや機織りといった機械の構造を熟知し、どこをいじればどうなるのかを理解していた。「何かがうまくいかなかったら原因を推測し、問題の箇所を突き止め、そこをいじって直してやる」は日常。機械は自分で動かし、壊れたら直し、自分で改良を加えて使いやすくする習慣が根付いている。誰も使ったことのないポテトチップスの機械を業者に作らせ、故障すれば自ら原因を究明し、なんとか手懐《てなず》けようとする清吉の気性は、そんな環境で培われた。

ポテトチップスの原料であるジャガイモは生きている。だから産地、品種、比重によって出来上がりに差が出るし、気温や湿度によってもフライ時間は変化する。「生きているもの」を扱う商売という意味では、清吉の故郷の養蚕や酪農も同じ。牛だろうがジャガイモだろうが、その状態をよく観察して最適の方法を実行しなければ最良の結果を出すことはできない。清吉は家業の手伝いで、そのような心構えを自然と身につけた。

清吉が最初に製法を身につけた瓦せんべいも、のちに日本独自路線を歩むジャパニーズポテトチップスも、広い意味では「和洋折衷の菓子」である。日本にもともとあった小麦せんべいに、砂糖や卵といった洋風の味覚を加味したのが瓦せんべい。欧米発祥のポテトチップスを日本人が独自の工夫と味付けでガラパゴス的に進化させたのが、ジャパニーズポテトチップス。いずれも、純粋な和菓子でも純粋な洋菓子でもない。

まるで清吉の人生が、ポテトチップスを作るために準備されていたかのように思える。何かを成し遂げる者の人生に無為な瞬間などない。往々にして、すべての経験が、後に成し遂げる偉業の「伏線」になっていたりするものだ。

『スラムドッグ$ミリオネア』では冒頭、「彼はあと1問でミリオネア。なぜ勝ち進めた？」というテロップが出る。その答えは、映画のラストにたった3語で示される。その3語はそのまま、清吉がポテトチップスを作った理由であるように思えてならない。

"It is written（運命だった）"[*38]

第4章 巨人

清吉（右）と金造（左）。上得意客を香港に連れていく招待旅行にて。
1970年前後と思われる。

農林省が注目しはじめたポテトチップス業界

ポテトチップスが一般の消費者に注目され始めたのは、湖池屋が「のり塩」を発売した翌年の1963年頃[*39]。実はその年、ポテトチップスメーカー約30社によるポテトチップ工業協同組合が発足していたが、1970年の大阪万博の頃にはほぼ休眠状態だった。

1970年8月頃、農林省・畑作振興課のいも類班で係長の職にあった前出の狩谷昭男は、いも類班の班長・山口篤課長補佐から指示を受ける。「大阪万博を機に、ポテトチップスの需要が伸び人気が高いそうだ。ポテトチップス業界の実態とその需給動向を調査してほしい。出来れば近い将来ポテトチップス協会のようなものを立ち上げてジャガイモ産業の振興に繋《つな》げていきたい[*40]」。

狩谷によれば、当時の農林省には、狩谷のように大学を出て上級試験に合格した者と、農業高専出の者が混在していた。前者は2、3年で異動するが、後者は入省以来ずっと同じ課に所属して、同じ仕事をする。なので畑作振興課には、担当作物別に専門家レベルのエキスパートが班長として配置されており、農林行政の根幹を支えていた。

「各班には『お茶の神様』『豆の神様』みたいな人がいて、山口さんは『いもの神様』でした」（狩谷）

端的に言えば、当時の農林省はジャガイモの「使い道」を探していた。日本国内で生産されるジャガイモが余っていたからだ。

米の代用食物としてサツマイモなどとともに重宝されたジャガイモの作付面積は、1941（昭和16）年頃から増加していった。しかし終戦を迎え、国内の食糧事情が徐々に回復していくにつれ、ジャガイモやサツマイモは生産過剰となる。音四郎が「ジャガイモなんかで作ったものなんか、持ってきてもらっては困るよ」と言われてポテトチップスの売り込みに苦労していた頃だ。

そこで政府は、「生食用」としてではなく、ジャガイモデンプン用としてのジャガイモの需要拡大に期待をかける。ジャガイモデンプンは片栗粉をはじめ、キャラメル、チューインガム、アイスクリーム、パン、ビスケット、酒類や清涼飲料水、プリンやゼリー、マヨネーズ、かまぼこなどの水産練製品、そばやうどんにも使用される。用途が広いのだ。

ところが1960年代に入ると、そのジャガイモデンプンも余ってしまう。アメリカからトウモロコシで作ったデンプン、コーンスターチが安価に輸入され始めたからだ。こうしてジャガイモデンプンは徐々にコーンスターチへと置き換わり、ジャガイモは再び別の消費用途を必要とされることになる。生まれたばかりのポテトチップス業界は、この「余り気味のジャガイモ」をうまく活用する産業だった。農林省はそれを好機とばかりに、国としてこのポテトチップス産業をしっかりバックアップすれば、より一層のジャガイモの消費促進につなげられると考えたわけだ。

「業界団体を作れば、農林省の意向は団体を通じて各メーカーに理解してもらえるし、各メーカーからの要望も団体としてとりまとめられる。これが農林省としての狙いでした」（狩谷）

こうして狩谷は業界の動向を調査すべく、ポテトチップスメーカーからのヒアリングや工場視察によって現状把握に動き出す。

この時期、ポテトチップスメーカーからの要望はほとんど一点に集約されていた。「良い原料（ジャガイモ）を安定的に安く確保したい」だ。ジャガイモ探しに東奔西走し、ポテトチップスに適した専用品種の育種が日本で遅れていることを常に憂えていた清吉の気持ちは、当時のポテトチップスメーカー全体の願いでもあったのだ。

カルビー創業者にレクチャーした男

1971年の暮れ、狩谷は山口のさらに上席にあたる畑作振興課長の本宮義一に呼び出され、こう告げられた。

「狩谷君、カルビーがポテトチップスのことを知りたいと言っている。相談に乗ってやってくれ」

そこにいたのは、カルビー創業者にして初代社長の松尾孝だった。数年前に「かっぱえびせん」をヒットさせ、広島のローカル企業だったカルビー（当時の社名はカルビー製菓）を一躍全国区のメーカーに飛躍させた人物である。お付きの人間はおらず、単身農林省を訪れていた。

松尾は1967年8月、ニューヨークで開かれた国際菓子博覧会に「かっぱえびせん」を出品した際、米英のメーカーから出品されていたポテトチップスの山を目にしたことをきっかけに、ポテトチップス業界への参入を検討し始めた。狩谷のもとを訪れたこの時期は、情報収集がてら着々と準備を整えていた頃だ。

まだ20代の狩谷は父親ほども年の離れた松尾に、ポテトチップス需要の実態や業界の規模・動向など、市場の最新事情をレクチャーした。狩谷の記憶によれば、松尾の興味は常に「未来」にあったという。レクチャーは1回では終わらず、松尾はその後も2、3度、農林省を訪れている。

「カルビー、ポテトチップス市場への参入を検討中」の情報は、狩谷を通じて各ポテトチップスメーカーに共有された。このとき各社に走った戦慄を、狩谷は痛いほど感じ取る。カルビーという大資本の参入を、既存の中小ポテトチップスメーカーは非常に恐れていた。

1972年、カルビーは同年に開催された冬季オリンピックの開催地の名前を冠したスナック「サッポロポテト」を発売する。これは小麦とエビが原料である「かっぱえびせん」のエビ部分をジャガイモに置き換えたもの。つまり小麦生地にジャガイモを練り込んだスナックだ。カルビーがいよいよ、「ジャガイモを使ったスナック」に着手し始めた。

そして1973年、カルビーは本社を広島から東京に移転し、社名もカルビー製菓からカルビーに変更。ポテトチップスメーカー密集地である東京に、巨人が足を踏み入れてきた。中小が束になっても及ばない大企業が参入してくる。それまで仲間内で牧歌的にやっていたポテトチップス村を、言いようのない緊張感が覆うことになった。

巨人が歩けば蟻が踏み潰される。誰よりもそう危惧していたのは、清吉だった。

巨人に対抗する蟻たち

2023年4月、清吉の一周忌を2ヶ月後に控えたゴールデンウィーク前のある日。岩井菊之は、雑誌での取材以来6年ぶりに再会した筆者につかつかと歩み寄り、着席していた筆者の足を突然、靴の上から踏みつけた。

「痛いですよね？　僕らはずっと蟻んこで、ずっと大手に踏み潰されてきた。たくさんのメーカーがなくなっていった。だけど、踏んでるほうは、巨人は、蟻んこを踏んでることに気づかない。視界に入ってない。そして悪気もない」

アメリカの大規模なオートメーション設備を目の当たりにした清吉も、50年以上前に同じことを心配していた。1970年代初頭、ポテトチップスの売上は伸び盛り。そんな限りない可能性のある市場に、国内外の大手資本が目をつけないはずはない。もし莫大《ばくだい》な資金力をもって最新鋭の設備でポテトチップスを大量生産したら、菊水堂のような中小メーカーはひとたまりもない。一致団結しなければ、あっという間に潰されてしまう。

狩谷は「カルビーが来る。だから結束しなければ――という中小メーカーの恐怖感、危機感が、日本ポテトチップ協会の設立を促す原動力となった」と考える。

1974年11月、清吉を含めた5社のポテトチップスメーカー代表が発起人となり、日本ポテトチップ協会が創立された。初代理事長は東京スナック食品の高野梓。2人任命された副理事長のうちのひとりが、清吉だった。*41

日本ポテトチップ協会設立総会にて。右端が清吉。

ところで、清吉が危惧していた「国内外の大手資本の脅威」は半分だけ当たった。

まず、海外資本の参入に関しては、杞憂《きゆう》に終わる。というのも、先述したようにそもそも生ジャガイモは海外から輸入できないので、日本でポテトチップスを製造するにはジャガイモを国内調達する必要がある。アメリカのメーカーが日本法人を作って参入し、国内に自前で工場を建て、ジャガイモ調達ルートを一から開拓するのは、あまりに手間がかかりすぎる。その割に、市場規模はアメリカと比べてずっと小さい。

かと言って、アメリカで製造したポテトチップスを日本に輸入すれば、輸送費が価格に乗ってしまう。しかもポテトチップスは他の菓子に比べて「空気を運んでいる」と言われるほど輸送効率が悪い。袋の中にたっぷり空気が含まれているので、内容量の割にコンテナの容量を多く取ってしまうのだ。チップスは割れやすいので袋を潰すわけにもいかない。それゆえ現在でも、日本における海外製ポテトチップスの市場占有率はそれほど高くない。個性的でラグジュアリーな舶来ポテトチップスはたくさんあるが、「脅威」と呼べるほどの存在にはなっていないのだ。

つまり菊水堂ほか中小メーカーにとって結果的に脅威となったのは国内の大手メーカー、すなわちカルビーたった1社だけだった。

カルビー参入で神明工場を閉鎖

カルビーは1960年代後半より虎視眈々《たんたん》とポテトチップス参入の機会を狙っていたが、かなり遅い参入となった。かつて三代目社長の松尾雅彦が菊之に語ったところによれば、「かっぱえびせんが忙しくて後回しになった」らしい。

1975（昭和50）年9月、「カルビーポテトチップス　うすしお味」が発売される。販売エリアは9月に北海道地区、10月に関東地区、11月に大阪地区と順次拡大されていった。

結論から言えば、カルビーはみるみる売上を伸ばして先行する湖池屋を抜き去り、ポテトチップス市場のトップシェアを獲得する。1980年代を通じて、ポテトチップス市場を爆発的に拡大させた最大の立役者がカルビーであることに異論を挟む関係者はいないだろう。カルビーはシェアトップを一度たりとも他社に譲ることなく、2024年現在に至るまで「ポテトチップスNo．1メーカー」の座に君臨し続けている。

後発のカルビーが参入初期に躍進できた要因は、価格、流通、鮮度対策、ＴＶＣＭと言われる。

まずは価格。それまで菊水堂も含む他メーカーのポテトチップスが１袋１２０～１６０円程度、あるいは１００ｇ１５０円程度だったところ、カルビーは「90ｇで１００円」という低価格で販売した。[*42]これは松尾孝自身の考えによるものだ。松尾は、１９６０年代後半から70年代にかけて毎年順調に拡大していた国内ポテトチップス市場にまったく満足しておらず、むしろ「伸び悩んでいる」とすら感じていた。日本の人口はアメリカの半分なのだから、市場も半分のポテンシャルがあるはず。しかし桁が２つ足りない。[*43]松尾は値段が高すぎるのも要因のひとつだと考え、利益率を下げてでも安く供給したのである。

カルビーが他社より価格を低く抑えられた理由に、ポテトチップスに適したジャガイモを安価かつ安定的に確保できたことも挙げられる。清吉がアメリカで目の当たりにし、日本での開発を切望していたポテトチップスに適した専用品種だ。カルビーは国内で初めて、ポテトチップスの原料に専用品種を使用したメーカーである。

「カルビーポテトチップス　うすしお味」には当初、１９７４年に登録されたワセシロが使われ、その後は１９７６年に登録されたトヨシロ[*44]が主流となった。先述したように、これらは一般的な生食用ジャガイモと異なり、ポテトチップスの原料として最適化された特性（焦げにくい等）を持っているので、従来のジャガイモに比べて歩留まりが格段に良い。つまり仕入れた原料の無駄が少ない。だから価格を下げられる。菊之は、「専用品種の使用により歩留まりが

1～2割は上がったのではないか」と推測する。

そして流通。それまでポテトチップスは関東を中心として流通する菓子であり、メーカーも関東に集中していた。当時最大手の湖池屋ですら東日本中心の流通。西日本でのポテトチップス知名度は関東に大きく劣っていた。

しかしカルビーは、「かっぱえびせん」などのヒット菓子で整えた全国流通網を駆使し、ポテトチップスを「全国で売られる菓子」にした。実際、西日本の大半の地域の人々にとって、「生まれて初めて食べるポテトチップス」は1962年発売の湖池屋製ではなく1975年発売のカルビー製であった。

鮮度対策の徹底も大きい。先述したように、野菜であるジャガイモを油で揚げたポテトチップスは生鮮食品である。清吉も当初からそのような考えで、「日配品」としてポテトチップスを納品していた。しかし発売直後の「カルビーポテトチップス　うすしお味」は、製造日が古いものも店頭に並んでしまっており、油が酸化して不味くなった商品が販売されることもたびたびあった。カルビーはそれを徹底的に改善したのだ。

そしてTVCMだ。実は「カルビーポテトチップス　うすしお味」は発売直後から爆発的に売れたわけではない。関東圏以外でポテトチップスの知名度が低かったためだ。そこでカルビーは発売翌年の1976年、当時14歳で後に女優として活躍することになる藤谷美和子を起用したTVCMを放映し、これが話題となって認知度アップに成功する。

中でも、ひとつめの「価格破壊」によって中小ポテトチップスメーカーは苦渋の決断を迫られることになる。カルビーに合わせて価格を下げれば利益が圧迫される。だが価格を維持すれば競争力で負ける。

100社前後あったポテトチップスメーカーは、カルビー参入から数年で激減した。カルビーに合わせて100円に値下げするメーカーも出てきたが、湖池屋の小池孝によれば、湖池屋も含め値段を下げなかったメーカーだけが残ったという。[*45]

その残った会社の中に、価格を維持した菊水堂も入っていた。しかし「価格破壊」のダメージは避けられようもなく、カルビー参入翌年の1976年、清吉は神明工場を閉鎖し、八潮に生産拠点を一本化する。要はリストラだ。

だがこの苦難はまだ前段にすぎなかった。本当の地獄は、この数年後にやってくる。

3人の経営者

カルビー創業者の松尾孝（1912年生まれ）、湖池屋創業者の小池和夫（1927年生まれ）、菊水堂創業者の岩井清吉（1930年生まれ）の3氏すべてに面識があった狩谷によれば、3氏は経営者としてまったく異なるタイプであったという。

「松尾さんは、とにかくやり手でアクティブ。かなり気さく。政治家や農林省の役人ともわたりあえて、抜け目なく情報を集める人。小池さんは、一言でいえば人格者。私が畑作振興課時代、十数社に集まってもらった時も、リーダーは小池さんで中心的に発言していました。清吉さんはというと、その集まりでは目立たないほうでした。俺が俺がというでしゃばりはしない。寡黙で実直、努力と根性の人」

狩谷はまた、こんなふうにも喩《たと》えた。

「松尾さんは全国区の先端的な経営者。小池さんは各県の県庁所在地にいる、温厚で礼儀正しくてしっかり者の紳士。清吉さんは町に根を下ろす、職人気質の真面目な社長」

3社がその後数十年にわたって発売するポテトチップスのラインナップ傾向が、それぞれの創業者のキャラクターと絶妙に重なっている――と感じるのは筆者だけだろうか。

いずれにしろ、ここで注目したいのはカルビーを「巨人」たらしめた、松尾孝という人物であろう。一口に「農林省にポテトチップス業界のことを聞きに来た」と言っても、一体どんな伝手を使ったのか。かいつまんで言えば、松尾はカルビー本社のある広島県の広島県庁に農林省から出向していた農政部長ルートをたどり、農林省の中で最もポテトチップス業界の濃い情報が集まっている畑作振興課のいも類班にたどり着いた。図抜けた行動力、突破力だ。狩谷も、ひとりでひょろっと農林省にやってきた松尾のフットワークの軽さには驚いたという。

カルビーのポテトチップスは「世界一」

どぎつい言い方をするなら、カルビーはポテトチップス販売で順風満帆だった菊水堂を奈落に叩き落とした。もちろん叩き落とされたのは菊水堂だけではない。湖池屋の小池和夫は日本ポテトチップ協会を通じ、カルビーの松尾孝に中小企業を潰すような価格はやめてほしいという要望を出したが、松尾は取り合わなかったという。[*46]

巨人に踏み潰された蟻。その痛みは清吉から息子の菊之に伝えられ、菊之は筆者の靴を踏むことで伝えた。

しかしその菊之は——意外というべきか——カルビーというポテトチップスメーカーをリスペクトしてやまない。

「仕事がら世界中のポテトチップスを食べていますが、カルビーのポテトチップスは世界一だと思います。ジャガイモの味がしっかりしていて、とにかく品質がいい。アメリカやイギリスのポテトチップスは油でベトベトのものも多いんです。何より、カルビーがいなかったら、日本のポテトチップスマーケットはここまで大きくなっていないでしょうし」

カルビーをマーケットリーダーであることを認めるのはともかく、商品をここまで直接的に褒めることに、正直驚きを隠せない。筆者のようなポテトチップス好き目線からすれば、カルビーと菊水堂はあまりにも正反対のポリシーを掲げている（ように見える）からだ。かたや大量生産、安価な値付け、トリッキーなフレーバーも臆さず市場投入するナショナルメーカー。かたやシンプルでヘルシーな昔ながらの懐かしいポテトチップスを、町工場で粛々と製造する中小企業。「菊水堂のポテトチップスを食べると、塩以外の調味料を大量に使用した他メーカーのポテトチップスはもう食べられない」と公言して憚《はばか》らない菊水堂ファンすらいる。一部の熱狂的な菊水堂ファンにとって、カルビーは一種の仮想敵ですらあるのだ。

しかし、さらに驚くべきことに、菊之が理想とするポテトチップスは〝カルビーのようなポテトチップス〟なのだという。

「うちのポテトチップは長らくイモ臭くて、油でじゅわっとしていて、油の品質もいまいちという欠点をずっと持っていた。カルビーのようにならないかと頑張ったけど、難しかった」(菊之)

「ジャガイモの味がする」理由

ただし、菊之の言う「イモ臭い」は、菊水堂ファンにとってはむしろ褒め言葉だ。「できたてポテトチップ」ファンの声に高確率で含まれる、「ジャガイモの味がする」という言い回しは、「イモ臭い」のポジティブな言い換えでもある。

ジャガイモを原料とする菓子がジャガイモの味がするのは至極当たり前のことに思えるが、実は当たり前とも言えない。巷《ちまた》には、たくさんの調味料でジャガイモ本来の味を「抑え込んだ」ポテトチップスが多数存在するからだ。つまり「ジャガイモの味がする」とは、「ジャガイモの味をちゃんと残している」というニュアンスに近い。

生のジャガイモの「土臭さ」を想像してほしい。言葉を選ばず言うなら「粗野」な匂い。素朴さ、田舎臭さとも形容できる。それがポテトチップスの食味に残っている状態を善しとする者は菊水堂のファンになり、そうでない者は特に惹《ひ》かれない。

ではなぜ、菊水堂のポテトチップスには「ジャガイモの味が残っている」のか。端的に言えば、もはや世界中のほとんどのポテトチップスメーカーで使用されなくなった、「直火型《じかび》」と呼ばれるフライヤーを使っているからである。

現在、世界中の大半のポテトチップスメーカーに採用されているオートフライヤーは、「還流型」もしくは「循環型」と呼ばれるものだ。これは、フライヤーの外部で揚げ油（パーム油や米油など）を温め、それをフライヤーに循環させてスライスしたジャガイモを揚げる仕組みのこと。油は常に循環しており、フライヤーから排出された油は外部で再加熱されてまたフライヤーに戻る。よって油の温度はフライヤー内のどの場所でも一定、かつ温度変化を少なくできるので、油の劣化を抑えられる。

しかし、かつての直火型オートフライヤーはそうではなかった。フライヤー下部に太い鋳鉄《ちゅうてつ》製のパイプが通っており、その中にバーナーで着火した炎が燃え盛っている。パイプの壁面を通して油に熱が伝わり、油の温度を上げる。鍋を火にかけているのと同じだ。

還流型と直火型の大きな違いは、還流型は高温で揚げる必要があるが、直火型は低温で揚げられるという点にある。なぜか。スライスした生のジャガイモの表面には水がついている。それを揚げ油に投入すると、油と水は混ざらず分離し、かつ水は重いのでフライヤーの下に溜《た》まる。それが熱されるとフライヤー内で水が沸いてしまう。これではうまく揚がらないばかりか、高温の水蒸気圧がフライヤー内に大きな負担をかける。

還流型フライヤーはフライヤー全体が覆われているため、このような水の沸き返しが発生した場合、底に溜まった水を排出することが難しい。それを防ぐには、高温の油で水を一気に飛ばせばいい。しかし、高温で揚げれば揚げるほど、ジャガイモの香りは散逸してしまう。

一方の直火型フライヤーは蓋で覆われていないので、沸いた水を排出しやすい。だから高温で揚げる必要がない。低温でジャガイモの香りを温存したまま揚げられる。ジャガイモの味を残せるというわけだ。

菊水堂は低温フライできる利点を活《い》かすべく、フライ前にジャガイモ表面のでんぷん質を「洗い落としすぎない」ようにしている。でんぷん質は焦げの原因になるため、高温フライの場合はなるべくよく洗い流さなければならないが、低温フライならその心配がない。これも「ジャガイモの味がする」理由だ。

１９７０年代までは、大手メーカーも直火型のフライヤーを使っていたが、油の劣化対策として徐々に還流（循環）型に置き換わっていき、１９９０年代に直火型はほぼ消滅した。２０２４年現在、国内で直火型を稼働させているのは、菊水堂の他は北海道のポテトチップスメーカーである深川油脂工業だけ。菊之によれば「世界でもこの2台だけかもしれない」という。

しかも驚くべきことに、菊水堂はいまだに**１９７５年製の直火型フライヤーを改良しながら使用している**。菊水堂は、日本で一番古い、否、おそらく**世界で一番古いフライヤーでポテトチップスを作っているのだ**。

50年間、現役のフライヤー

カルビーが市場参入した１９７５年、菊水堂の八潮工場に直火型のオートフライヤー、通称「直火炊き連続チップフライヤー」が導入された。１９６８年に八潮工場に導入した宮川鉄工製の簡易型オートフライヤーではない、清吉が夢見た完全オートメーション。アメリカのポテ

菊水堂の1975年製直火型フライヤー。写真下はバーナー部分。

トチップス工場で使われていたものとほぼ同じ、本格的なオートフライヤーである。

直火炊き連続チップフライヤーの設計・製作は吉岡製作所だが、同社社長の吉岡吉友は、清吉の渡米（1968年）に同行している。吉岡はアメリカの工場で最先端の機械を目に焼き付け、その数年後に純国産のオートフライヤーを作り上げたのだ。

実は、吉岡製作所製オートフライヤーの1号機は湖池屋が一足先に導入していて、菊水堂は2号機だ。湖池屋のほうは1990年頃に稼働を終えたが、菊水堂は導入から50年が経とうとしている2024年現在も現役である。2023年にはアメリカ製のバーナーが老朽化して交換する必要が生じたが、メーカーが製造を中止していたため、川口の鋳物工場に鋳型を取ってもらい特注で作った。[*47]

「できたてポテトチップ」には、年配者から「昔食べたポテトチップスのようだ」という感想もたびたび寄せられるというが、蓋《けだ》し当然。その人が何十年も前に食べたポテトチップスと同じ製法で作られているのだから。

直火型フライヤーは下から火で加熱されるので、油はまず下の方が熱くなり、上のほうの温度が上がるまでに時間差が生じる。還流型のように油の温度が均一にならない。この熱ムラが独特の「懐かしい味わい」を出しているのではないか——と菊之は推測する。

ただし、直火型フライヤーの取り扱いは難しい。菊之は「1970年代のアメ車」に喩える。公道でまともに走らせるのは至難の業。古い機械なのでエンジン以外の部品は全取っ替え。清吉は、面倒で手がかかるこのじゃじゃ馬のような機械を、気が遠くなるほどの試行錯誤を重ねて我が物にしてきた。何度も改良し、データを取り、最適な揚げ方を模索した。菊之が入社してからは親子で取り組んだ。当初、清吉は菊之に言い放った。

「お前にこのフライヤーは扱えない」

効率を求め、歩留まりを極限まで上げることでコストを削減することを目指す大手メーカーに、こんな真似はできない。優劣ではなく、思想が根本的に違う。

筆者が2016年に菊之を取材した際、そこに同席した広報担当者は言った。「カルビーがヤマザキパン（山崎製パン）だとすると、菊水堂は街のベーカリー」。そこに菊之が言葉を継いだ。

「手間はかかる。けれど味がある」

多様化するポテトチップス

1975年のカルビー参入以降の国内ポテトチップス業界の状況を一言で言うなら、「多様化」である。

1970年代後半には成型ポテトチップスの新発売ラッシュだった。成型ポテトチップスとは、ジャガイモを一度フレーク状にしてから型抜きするなどして決まった形に固め直し（成型し）、油で揚げるなどしたもの。1976年にヤマザキナビスコ（現ヤマザキビスケット）が「チップスター」を発売して以降、1977年にはハウス食品工業（現・ハウス食品）やサントリー[*48]が参入。1979年にはエスビー食品も「5／8（はちぶんのご）チップ」で参入している。

成型ポテトチップスがブームになった要因は諸説あるが、ひとつ有力なのが、清吉も苦労した「国産ジャガイモを確保する難易度の高さ」であろう。

カルビーの参入によって勢いづいたポテトチップス市場にあやかろうと考えた菓子・食品メーカーは多かったが、いざ参入しようとなったとき、製造はともかく国内産の生ジャガイモを大量かつ安定的に確保するには農家とのコネクションが不可欠である。これは新規参入組にはハードルが高い。加えて前述の通り、海外の生ジャガイモは法律に阻まれて輸入することができない。

だが、成型ポテトチップスの原料である「ジャガイモのフレーク」は加工品なので輸入できる。冷凍ポテトフライなどと同じ扱いだ。それゆえに普通のポテトチップスではなく、成型ポテトチップスで参入することになったのではないか。製法は大きく異なるが、消費者からすれば成型ポテトチップスは普通のポテトチップスのアレンジバージョン、むしろその目新しさは大きなプラス要因だった。

また、従来型ポテトチップスの多様化で忘れてはならないのが、フレーバーのバリエーションが増えたことだ。中でもエポックメイキングだったのが、カルビーが1978年に発売した「カルビーポテトチップス　コンソメパンチ」である。コンソメとは、牛肉や鶏肉や魚などから取った出汁《だし》に野菜を加えて煮立てた琥珀《こはく》色のスープのこと。カルビーはこのスープを連想させる、牛肉や玉ねぎのエキスを使用した味付けをポテトチップスに載せた。濃厚さとジャンクなテイストが特徴の同商品は大ヒット。カルビーのさらなる躍進に大きく寄与した。

「コンソメパンチ」がポテトチップス業界に与えた影響については、菊之の指摘が興味深い。

その影響とは、「ポテトチップスの本当の意味での全国化」と「うま味の使い方」だという。

「もともとポテトチップスは概《おおむ》ね東日本だけで流通していた菓子で、北海道と名古屋以西はほぼ空白地帯。湖池屋さんはじめ色々なメーカーが、進出しては撤退していました。関西人は塩味の菓子より芋けんぴのような甘い菓子を好んでいたからだと思われます。カルビーは１９７５年の『うすしお味』で参入して全国流通を成し遂げましたが、やはり関西は関東ほど売れない。しかし１９７８年の『コンソメパンチ』は、塩味ではなく〝うま味〟。肉や野菜から取った出汁のうま味が前面に出た味付けだったので関西人にも受け、ポテトチップスが本当の意味で全国規模の菓子になった」（菊之）

「うま味」とは、甘味・酸味・塩味・苦味に並ぶ味のひとつ。グルタミン酸、イノシン酸、グアニル酸などで構成されており、世界中の「出汁」にはこのうま味成分が多く含まれている。出汁スープであるコンソメも然り。「コンソメ味」が出汁に慣れた日本人の――その中でも特に出汁の味に敏感である関西人の――舌に馴染んだのは当然であるとも言えよう。

また、「コンソメ」という味をポテトチップスの上で破綻なく成立させた調味料の使い方も、菊之に言わせれば「革命的」だったという。

「『コンソメパンチ』の配合が各社によって研究され、その後登場する色々なフレーバーのベースになったと思います。これにカレーパウダーを足せばカレー味になるし、唐辛子を入れれば別の味が生まれる。『コンソメパンチ』を機に、ポテトチップス業界全体でうま味調味料の使い方がこなれた、と言えるでしょう」（菊之）

「子供の食べるものだから」

松尾雅彦は後年、「コンソメパンチ」について「この『味替わりのポテトチップ』の成功は、やがて各社の多様な味替わり商品の提案競争を生んだ」と述懐している。[*49] 実際、「コンソメパンチ」がフレーバーバリエーションの多様化を加速させたことはポテトチップス業界でも一定の〝常識〟となっているし、その「提案競争」の行き着いた先に、「カラムーチョ」[*50]（湖池屋、1984年発売）、「わさビーフ」（山芳製菓、1987年発売）、「ピザポテト」（カルビー、1992年）があると言っても過言ではない。いずれも、現在も人気のロングセラー商品である。

中でも「カラムーチョ」は、サンヨー食品のインスタントラーメン「オロチョン」、木村屋總本店の「辛口カレーパン」とともに、日本で1980年代に巻き起こった激辛ブームの火付け役として食文化史の文脈には必ずと言っていいほど登場する。おやつとしてのスナック菓子に「辛口」を持ち込んだ革新的な商品である、と。

ただ、歴史はもう少しだけ複雑だ。

実は「カラムーチョ」発売の4年前、1980（昭和55）年に、菊水堂は「メンタイ（明太）味」のポテトチップスを製造し、「うまい棒」で知られるやおきんのブランドで発売している。ＯＥＭだ。ただし、辛口ではあるが激辛ではない。

この「メンタイ味」は一時期、菊水堂の看板商品だった。そこに「カラムーチョ」が「激辛」をひっさげて登場する。清吉は当時、社内の営業担当者から「メンタイ味を激辛にすればもっと売れる。激辛にすべきだ」との提案を受けたが、「ポテトチップは子供が食べるものだから、激辛なんてとんでもない」とはねのけた。結果、激辛ブームに押されて、というより乗り切れなかった「メンタイ味」は、21世紀を迎えることなくラインナップから消えた。一方、「カラムーチョ」は２０２４年に発売40周年を迎え、今もって湖池屋の看板商品のひとつとなっている。

「子供の食べる菓子だから」という清吉の考えは、ポテトチップス作りにおいて一貫している。現在の「できたてポテトチップ」が塩以外の調味料を一切使っていない点には、そのポリシーが最も強く現れている。

菊水堂は１９７１（昭和46）年より地元埼玉の生協向けにポテトチップスを製造・納品しているが、１９７６（昭和51）年には調味料を塩だけとした。それまで使っていた旭化成の「旭味」（うま味調味料。当時は「味の素」などと共に〝化学調味料〟と呼ばれており、健康を害するイメージも流布していた）の使用をやめたのだ。若い頃からサッカリンなどの人工甘味料や食品添加物を嫌っていた清吉らしい決断だが、その決め手はやはり「子供が食べるものだから」だった。

とはいえ、普通の塩で味付けただけでは物足りない。そこで清吉が目をつけたのが「沖縄の

塩 シママース」だ。これは沖縄国際海洋博覧会の前年、1974（昭和49）年に沖縄県内初の塩製造メーカーとして設立された株式会社青い海が販売する塩で、メキシコやオーストラリアで作られた天日塩を沖縄の海水で溶かし、濾過《ろか》して炊き上げたもの。清吉はまさ子と共に沖縄海洋博に足を運んだ折、この塩に出合った。これなら〝化学調味料〟なしでも味わい深い塩味がつけられる。そう確信した清吉は、「シママース」を焼成した商品「シママース やきしお」を揚げたてのポテトチップスにふりかけて味付けることにした。この「シママース やきしお」は2024年現在も変わらず菊水堂で使用されている。

なお、大手各社がポテトチップスに「赤穂の天塩」「伯方の塩」「シチリアの塩」といったブランド塩を使用していることを表示してアピールし始めるのは、もっと後のことだ。

塩と油とジャガイモだけしか使っていないヘルシー志向の「できたてポテトチップ」は、2010年代以降の日本人のヘルシー志向やオーガニック志向を完璧に満たした商品であり、その素朴さ、誠実さが『マツコの知らない世界』で広く知られるところとなってブレイクした。しかし、その源流は50年近くも前から清吉が掲げている菊水堂の信条《クレド》とでも呼べるもの。

常に「子供の食べるもの」であることを念頭に置いて作る。

「子供」とは清吉にとって、幼少期から手を取り合って生きていた8人のきょうだいのことではなかったか。売れ残った芋羊羹を、「おいしい、おいしい」と言って満面の笑みで頬張っていた、馬山の幼い弟や妹、兄や姉たち。

清吉は生涯、幼いきょうだいたちの顔を思い浮かべてポテトチップスを作っていた。そう考えるのは、ロマンチックに過ぎるだろうか。

ピンク・レディーの缶

「ポテトチップスは子供の食べるもの」。1970年代後半、その〝子供たち〟の間で大ブームを巻き起こした女性デュオがいた。ミー（根本美鶴代）とケイ（増田啓子）からなる、ピンク・レディーだ。代表曲は『ペッパー警部』『S・O・S』『渚のシンドバッド』『ウォンテッド』『UFO』など。セクシーな衣装と子供たちが真似したくなる斬新な振り付けで、1976年のデビューから瞬く間に人気を博した。

ピンク・レディーは、キャラクターグッズが大量に販売されて莫大な市場を築いた最初のアイドルとしても知られている。業種は多岐にわたり、ファン層の中心だった子供をターゲットとした衣料品、食器、文房具、自転車、食品類などが大量に市場に溢れた。人気絶頂期だった1978年には、合計約500万個の商品が50億円の売上を計上したという。[*51]

子供がターゲットである以上、当然ながら菓子業界もこの恩恵に与《あずか》りたい。そう考えた台東区の菓子メーカー山田屋製菓は、1979年頃、「ゴールデンポテトチップ」というピンク・レディーをあしらった缶入りポテトチップスを発売して大ヒットを飛ばした。

「ゴールデンポテトチップ」の缶は時おりオークションサイトなどで現在でも高額出品されているため、外観はネット検索でも確認できる。色は赤と水色の2パターンがあり、それぞれ別の衣装をまとってポーズを決めたミーとケイのふたりが缶に印刷されている。大きさは、とある出品サイトによれば「直径約18㎝、高さ約22・5㎝」だ。

あまり言いたい話ではないが、この手のキャラクターグッズを買い求める消費者にとって、中身のお菓子は「おまけ」に過ぎない。欲しいのはミーとケイがプリントされた缶、つまりキャラクターグッズのほうであって、ポテトチップスではないのだ。当時の子供たちは「缶」欲しさに親にねだり、結果「ゴールデンポテトチップ」は飛ぶように売れた。

ここで想起される菓子が、ポテトチップス市場参入前のカルビー（当時はカルビー製菓）が1971年に発売した「仮面ライダースナック」である。小麦粉を原料とする甘いスナックで、付属の「仮面ライダーカード」欲しさに男児たちがこぞって買い求めたが、カードだけを取ってスナックを食べずに捨ててしまう事例が全国で報じられ、一時社会問題化した。同様の事例は、ロッテのチョコウエハース菓子「ビックリマン」（1985年から発売された「悪魔VS天使」のシール目当て）、フルタ製菓の「チョコエッグ」（1999年から発売され食玩ブームの火付け役になった）などがある。

「仮面ライダースナック」や「ビックリマン」や「チョコエッグ」が巧みだったのは、カードや食玩のバリエーションがあまりにも多く、かつ外側からは何が封入されているのかわからないため、欲しいおまけを「引く」までには、あるいは全種類をコンプリートするためには、いくつも商品を買わなければならなかったことにある。

しかしピンク・レディー缶は、赤と水色の2つを買えば2種類の缶が手に入るので、事足りる。缶だけが目当てなら、それ以上買う必要はない。商圏内におけるピンク・レディー好きの子供たちの購入が一巡すれば、それで需要は途切れる。

「お客さんが欲しがるもんだから、菓子問屋は山田屋さんに『早く作れ』とせっつく。それで山田屋さんは言われた通り作って、期日までに納品するんだけど、ブームが一段落して需要が一巡したら、売れ行きは止まる。そうなったら問屋はただ返品伝票を切るだけ。結果、山田屋さんは返品の山」（菊之）

山田屋製菓は1980年に倒産した。原因はこの大量返品だと言われている。なお、倒産した山田屋製菓から菊水堂に移籍した営業マンT氏が、営業展開方針をめぐって菊之と衝突することになるのは、もう少し先の話だ。

道はどこまでも続いている

マーケットは拡大、活性化したものの、巨人・カルビーの参入によって熾烈を極めつつあったポテトチップス業界。そこにおける清吉のスタンスは、当時の清吉の口癖に現れている。

「人の倍動けば、倍儲かる」

「人生は戦いだ」

「いつまで寝てるんだ」

菊水堂の朝は早い。月曜は午前7時前からジャガイモを運ぶトレーラー、揚げ油を運ぶタンクローリー、梱包《こんぽう》用段ボールを運ぶトラックが八潮工場の前に次々到着する。現役時代の清吉はその前から起き出し、入口を箒《ほうき》で掃いたり、片付け仕事をしていた。実は、ある時期まではもっと早い時間に荷受けしていたが、近隣からの騒音苦情によって少し遅くした結果、7時としたのだ。

「暗いうちから、人の寝ているうちから働くんだとよく言っていました。荷受けも、時間があいていれば父自ら手伝いましたし、父自らフォークリフトを操作することもよくありました」

(菊之)

工場の操業開始時間からすれば、そんなに早く荷受けする必要はない。にもかかわらず、少しでも早く荷受けするのは、運んできたドライバーを1分でも早く帰路につかせるためだ。

特にジャガイモは遠方から運ばれてくる。茨城産のジャガイモは水戸街道が渋滞になる前に八潮へ到着しなければならない。北海道産のジャガイモの場合、ドライバーは青函連絡船での仮眠以外は徹夜で東北自動車道を飛ばしてくる。荷物を届けたら、一刻も早く家族の待つ家に帰りたい。風呂に入ってぐっすり眠りたい。ジャガイモ調達のために日本中を車で駆けずり回った清吉には、その気持ちがよくわかるのだ。もし早朝に到着しても工場が開いていなければ、ドライバーは車中で時間をつぶさなければならない。

「一時《いっとき》休めば、人は働ける」

「仕事に休みはない」

能書きを嫌い、とにかく動く。口より手を動かす。

荷受けだけではない。機械工のようにフライヤーをいじり倒し、設備のメンテナンスに目を光らせ、工場内の補修なども自分でやる。営業も給与計算も配達も伝票書きも、何でもやる。わからなければ調べる。人に聞く。


「やってみなければ、わからない」


時間を大切にし、無駄を嫌った清吉はしばしば、配達するトラックの運転席で朝食を取った。握り飯や菓子パン、時に飯とおかずを載せた茶碗ごとトラックに持ち込み、信号待ちなどの停車時にかきこんでいたという。包み紙や食べかすはどんどん床に捨てる。おかげで、清吉の乗る車の助手席はいつもゴミだらけだった。

清吉の車の扱いはとにかく粗い。居眠り運転による追突、空き缶がブレーキペダルに引っかかっての衝突事故、横転して水田に突っ込んだこともある。菊之が記憶しているだけで４件もの廃車事故を起こしている。腰骨も骨折した。よく命があったものだ。菊之ら子供たちは、「父は絶対に布団の上で死なない」と思っていた。

幼い菊之を助手席に乗せての配達中、路面電車と接触事故を起こしたことがある。清吉は電車の運転手と喧嘩《けんか》を始めた。騒ぎを聞きつけた警官が駆けつけたところで、菊之の記憶は途切れている。

事故の多くは激務による睡眠不足から来る居眠り運転だった。それゆえ清吉は、眠気覚ましのため大量のタバコを運転中に吸い、高速道路のパーキングエリアではよくアイスクリームを買って食べていた。タバコはともかくアイスクリームに眠気覚ましの効果があるかどうかは不明だが、現在の菊之も眠気覚ましでよくアイスクリームを食べるという。

スピード違反、駐車違反などが重なり、たびたび免停を食らった。免停期間中は妻のまさ子が代わりにトラックを運転して配達に出た。

運転はいつも行き当たりばったり。道に迷うこともよくあった。しかし清吉は特に気にすることもなく、助手席の菊之に言った。

「道はどこまでも続いている。どこかに出る」

故郷で御用聞き

清吉は朝早い分、夜も早い。毎日、午後9時には床についていた。酒はやらない。そもそもほとんど飲む習慣がない。会合に伴って酒宴が催される場合はまさ子に、菊之が入社してからは菊之に、代わりに出席させていた。

ギャンブルもやらない。趣味は、ダンス、日舞、民謡、カラオケ、空手、釣り。車のトランクにはいつも釣り竿《ざお》が積んであった。旅行好きで、日本各地、ヨーロッパやアメリカ、中国や韓国などをまさ子と共に巡った。

15歳で働き始めた清吉は高等教育を受けていなかったが、勉強と自己研鑽《けんさん》を怠らなかった。新聞を熟読し、本をよく読んだ。「父の読んだ本は書き込みが多くて、とても借りて読めるものではなかった」と菊之。若い頃に書いた日記にも、当時読んでいた本のことが書かれている。

菊之が中学・高校時代には、英語の勉強に役立つだろうと英和新聞「朝日ウイークリー」を取った。菊之が欲しがった書籍は、高価な専門書も含めてすべて買い与えた。菊之が旅行に行きたいと言えば、旅費はいくらでも出した。

あらゆることへの好奇心や探究心、それで得た知識や情報が、資金力で到底及ばない巨人に対抗するための武器になることを、清吉はよくわかっていた。我が子にもその武器を与えたかったのだろう。

一方、ポテトチップス市場が伸び、経営者として猛烈に忙しくなっても、故郷への想いが薄れることはなかった。

清吉は年4回ほども郷里に赴き、清吉方の馬山安楽地とまさ子方の馬山大塚の親戚7～8軒を回るのが常だった。しかも、事前に連絡などよこさない。清吉の甥、康雄は苦笑いしながら言った。

「朝4時に、突然呼び鈴が鳴るんですよ（笑）。当然、みんな寝てるでしょ。何かと思ったら清吉叔父さん。夜を徹して車で飛ばしてきたって。時速150㎞で。で、そのままうちで寝ちゃう」

褒章の記

岩井まさ子

昭和四十六年七月群馬県下仁田町立東中学校備品購入費として金百万円を寄付したことにつき褒章条例により紺綬褒章を賜わってこれを表彰せられた

昭和四十七年七月二十六日

内閣総理大臣 田中角栄

総理府賞勲局長 吉原一眞

第四四一八九号

1972年7月、まさ子名義で受けた紺綬褒章の「褒章の記」。当時の内閣総理大臣は田中角栄。

当時、東京からの高速道路は現在のように下仁田までは来ておらず、東松山（埼玉県）まで。そこからは下道を飛ばしてきたのだ。

清吉の帰省には、菊之ほか子供たちもたびたび同行した。親戚回りがあまりに慌ただしいので、菊之は「毎回くたくたで、楽しいような、楽しくないような、複雑な気持ちだった」という。

この親戚回りは、清吉が高齢になって車の運転ができなくなるまで、途切れることなく続いた。しかし年4回。墓参りやお土産配りをする目的にしては、頻度が高すぎる。

菊之は「御用聞きのようなものだったのではないか」と推測する。要は、世話焼きだ。困っていることはないか、東京で俺にできることがあれば、言ってくれ。岩井家の「東京の出店」を預かる総責任者として、清吉なりの責任感に駆られていたのではないか。

１９７１年、清吉は下仁田の中学校に備品購入費（ピアノらしい）として１００万円を寄付し、まさ子の名前で紺綬《こんじゅ》褒章を受け取っている。妻の名前で受け取ったのは「晴れがましいことが苦手」（菊之）な清吉らしいが、長年にわたる妻への感謝の意味もあったのかもしれない。

最高級セダンを置いていく

清吉の「親族に対する面倒見の良さ」は相変わらず、というより、むしろ手厚くなっていた。

清吉の姉・横田フクの娘婿である横田孝夫（１９４８－）は、フクの娘との結婚が決まった時、東京の文京区本郷に住んでいた。そこに、大事な姪っ子の未来の夫に会うべく、清吉とまさ子の夫婦が訪れる。

「清吉叔父さんたちは車に乗って本郷に来たんですが、その車を本郷に置いていくんですよ。当時夫妻が住んでいた神明町の自宅地図を手渡しされて、後日その車に乗ってうちに寄んなさいと。車を置いていかれたら、返却がてら訪れないわけにはいかないでしょ（笑）。それがまた普通の車より一回り大きい車でね。日産のプレジデントでした」（横田孝夫）

プレジデントは日産が１９６５年から２０１０年まで販売していた高級セダン。法人・要人向けの最上級車だ。清吉が乗っていたのは、１９６５年から１９７３年まで製造されていた初代１５０型と呼ばれるもので、佐藤栄作首相（１９６４－72在任）の公用車としても使用された。

初代１５０型は「コラムシフト」といってハンドル脇にシフトレバーが装着されているた

め、運転席と助手席の間に設けられるセンターコンソール部分が必要ない。結果、助手席に1・5人分ほどの幅が取れるため、詰めれば2人乗れる。つまり後部座席と合わせると、セダンにもかかわらず6人乗車が可能となる。この点を清吉は気に入っていたというが、燃費が悪いために早々に手放してしまった。

なお、孝夫の新婚旅行はすべて清吉が算段し、金も出した。

「京都の比叡山と和歌山の南紀白浜、3泊4日。私ら夫婦は身ひとつで行っただけ。宿の手配も、三食の食事も、全部清吉叔父さんが決めてくれていました。ホテルで朝起きてロビーに行くと、もう玄関にハイヤーが停まってる。どこを観光で回るかも、叔父さんから運転手にすべて指示が下ってました（笑）」

清吉は甥っ子・康雄の結婚に際しても大いに世話を焼いた。

「富岡市（群馬県）で結婚式を挙げたんですが、その足で銀座のホテルまで車で乗せてってくれたんですよ。清吉叔父さんの運転で。翌日から新婚旅行で羽田だからって。で、銀座のホテルに泊まった翌朝、とんでもなく早い時間にホテル前でもう叔父さんが待ってるんですよ。羽田に送ってやるってね。前日にそんな約束もしてないのに（笑）。それで女房と慌てて身支度して車に乗ったら、まず築地に連れていくんですよ。僕らは新婚旅行だから結構改まった格好してるのに、そのなりで築地市場を叔父さんに案内されて、お寿司をお土産で買って、羽田へ。本当に慌ただしい（笑）」

しかも、夫妻が新婚旅行から帰国する日にも、清吉は羽田空港まで迎えに来たというからすごい。飛行機で疲れているところ羽田から下仁田に戻るのはしんどかろうと、清吉は夫妻を東京の自宅に泊めた。

清吉の妹、黛君江の息子である黛潤一（1970－）は、東京の大学に進学した際、八潮の岩井家にまさ子の賄い付きで4年間下宿した。潤一は「とにかく居心地が良かった」と当時を振り返る。行き先も告げずに「車に乗れ」と言われるのは、他の兄弟や親族とまったく同じ。加えて、清吉は潤一が通っていた大学にも顔を出した。君江が振り返る。

「潤一の大学で誰かの講演会があって、清吉兄さんがそれを聴きに行ったの。前のほうの席に座ってたんだけど、その人の講演が終わった途端、壇上に登っていって、『自慢の甥っ子がこの大学に通ってて、結構頭がいいんだ』とかなんとかマイクでしゃべっちゃってね。勝手に（笑）」

「父とは性格が合わない」

まさ子の妹、五十嵐静子の息子である五十嵐宏之《ひろゆき》（1964－）と五十嵐康史《やすし》（1966－）も、八潮時代の岩井家に世話になっている。弟の康史は黛潤一と同じく大学進学の下宿。兄の宏之は高校時代の冬休みに、まさ子の勧めで住み込みアルバイトに来た。

ただ、宏之は清吉と反りが合わなかった。

「清吉伯父さんと喧嘩して帰ってきたのは俺くらいじゃないかな（笑）。俺の寝坊だったたか細かいことは忘れちゃったけど、なんか些細《ささい》なことで口うるさく言われて頭来ちゃってね。飛び

出してきちゃった」（宏之）
世話焼きの清吉だが、こと仕事に関しては身内に厳しい。思ったことを遠慮なくズケズケ言う、思い立ったら説明もそこそこにすぐ行動して他人を巻き込む清吉の性格も、合う人間と合わない人間がいる。菊水堂に働きに来ていたまさ子の姪っ子コンビ、岡野千代美と花岡光子も、清吉叔父の奔放なふるまいには「ちょっと困っていた」と苦笑する。子供時分、パジャマのまま車に押し込められて連れ回された清吉の娘、和子も「やりたい放題で周囲を巻き込む父とは性格が合わなかった」と父亡き後も遠慮なく苦言を呈する。
しかし、彼らとは比べ物にならない衝突を経験する者がいた。
後に社長の座を譲り渡す清吉の長男、菊之その人である。血縁者を何より大切にして菊水堂の暖簾《のれん》を守ってきた岩井清吉にとって、仕事上の最後の試練は、息子である二代目との確執であった。

第5章　ゲリラ

1984年、中国からの訪問団と。前列右端が清吉。

父と子

岩井菊之の人生は常に、父が興《おこ》した菊水堂と共にあった。

1957年、菊水堂の品川時代に生まれた菊之が、赤ん坊の頃から父・清吉の運転する配達トラックに乗せられて、あちこち連れられていたのは先述した通り。物心ついてからも、助手席で納品からいつ戻るともわからない父親を待ち続けた。

少年時代の菊之を営業に同行させることもあった。客の前では必ず挨拶をさせられた。「父としては息子を見せたかったのでしょうが、私からすれば単なる迷惑」（菊之）

菊之が小学生時分、清吉は「菊水堂10周年セール」と銘打って営業に勤《いそ》しんでいた。ところが翌年、今度は「菊水堂15周年セール」と言い出す。去年が10周年だったのになぜと聞くと「売れればいいんだ」

清吉について、菊之には忘れられない思い出がある。

子供時分、下仁田に帰省中、近所の鏑川で清吉と遊んでいたときのこと。魚を獲《と》るため、ふたりで石を集めて堰《せき》を築いた。すると清吉が「石灰を撒くと魚が浮いてくる。一網打尽だ。家から石灰を取ってこよう」と言い出した。魚が浮く、つまり魚の大量虐殺だ。これに菊之は大反対する。当時工場があった神明の近辺で、別の工場が流したメッキの廃液で魚が浮くのを嫌というほど見ていたからだ。

しかし清吉は構わず家に向かう。菊之は追いかけ、必死で説得を試みる。「一度口にして行動したら誰の言うことも聞かない」のが父の性分であることを、菊之は痛いほどわかっていたので、清吉の発案は恐怖でしかなかった。

しかし清吉は家に着くなり、忘れたように何もしなかった。後年、菊之が成人した頃、清吉は思い出したように言った。

「鏑川の石灰、止めてくれて嬉しかった」

「なんで戻ってきたんだ」

菊之が子供の頃の菊水堂には依然として群馬出身の住み込み従業員が多く、上京して下宿していた親族もいたため、食事は常に食堂の大テーブル。一般的な家庭のようにキッチンテーブルで食事をする機会は少ない。清吉もまさ子も忙しかったため、菊之と年齢の近い子供がいる近所の家で夕食をとることも多かった。

菊之は中学に上がると、住み込みの社員とともに寝起きするようになったが、小さい頃は下仁田の親戚に1ヶ月ほど預けられることもよくあったので、特に苦ではなかった。それゆえ菊之は今でも、家族以外と自宅以外で眠ることにまったく抵抗がない。体育館の中、列車の通路、キャンプのテント内、どこでも寝られる。

商売に役立つという意味で身を助ける学問、つまり「実学」以外の勉強に意味を見出せなかった清吉は、子供たちに「勉強なんかするな」と言い続けてきた。親戚の大学進学は応援しても、子供たちは別だったのだ。

菊之も物心ついた頃からそう刷り込まれて育ったが、中学生の頃、かりんとうの老舗・大花堂製菓の創業者・多田粂次郎（当時の社長）から「これからは菓子屋も大学に行く時代だ」と言われて勉強することに目覚めた。ただ、住み込み社員と寝食を共にしているので、落ち着いて勉強できる環境からは程遠い。それで足立区立中央図書館に足繁《あししげ》く通った。高校受験の際にようやく個室を割り当ててもらうまで、菊之は自宅でろくに勉強をしたことがない。

晴れて志望校に受かり高校進学。生物の勉強をしたかったが、清吉に反対されてしまう。「勉強なんかするな」だ。そこで救いの手を出したのはまさ子だった。妥協案として「薬科大学に行って薬剤師になれば、何かあった時にも食うには困らない。身を助ける」と、清吉を説得してくれたのだ。ただし、いずれ家業を継ぐ約束はさせられた。

こうして菊之は東京薬科大に進学し、１９８０年に大学を卒業。まずは社会人経験を積むべく製薬会社に入社して営業職に就き、関西に赴任。2年で退職し、薬剤師として調剤薬局に勤めながら製菓学校に入学して菓子の勉強を積む。これも2年。

そして１９８４年。菊之は清吉との約束を守るべく、菊水堂に入社する意思を告げる。すると、清吉からは驚くべき言葉が返ってきた。

「こんな不景気な会社に、なんで戻ってきたんだ」

最悪の時期

ポテトチップス業界は、菊之が東京を離れている4年間で大きく状況が変わっていた。カルビーが１９７５年に市場参入してから4、５年ほどの間は、価格競争は激しかったものの市場の急拡大時期だったため、カルビー以外のメーカーも利幅の薄さを販売量でカバーできた。１９７８年のカルビー「コンソメパンチ」発売も市場拡大に拍車をかけた。

しかし１９８０年代に入るあたりから、市場は徐々に飽和の様相を見せる。価格競争が中小メーカーの体力を奪う。１９８４年頃のポテトチップス業界は淘汰の嵐が吹き荒れ、小さなポテトチップスメーカーは次々と廃業していった。

文字通り、カルビー一強。カルビー参入年に集計された１９７５年の国内ポテトチップス市場シェアは、湖池屋が27・６％で1位だったが、[*52] １９８４年にはカルビーが79・９％と圧倒的なシェアトップ。湖池屋は９・０％へと激減している。[*53]

ここで「カルビーと同じ土俵では戦えない」と考えた湖池屋が発売したのが、「ポテトチップスの形状をしていないジャガイモスナック」にして「子供のおやつではなく、激辛を売りにした大人向け」として当初想定した──つまりカルビーが君臨するポテトチップス市場とは別の市場を狙った──「カラムーチョ」だったわけだ。

一方、１９８４年時点の菊水堂は累積赤字に苦しんでいた。しかし東京を離れていた菊之に、父親の会社の財務状況やポテトチップスの市況など知る由もなく、清吉から会社の内情を聞いた時は愕然《がくぜん》としたという。

結局、約束を履行すべく菊之は菊水堂への入社を決める。時流は文字通り〝最悪の時期〟。伯父の量平には「菊水堂を畳む覚悟で入るんだな」と念を押された。

清吉は菊之に一度だけこう言った。

「お前は菊水堂の犠牲者だ」

当時、菊水堂には1億2000万円の借金があった。

オフコンとバブル

清吉は入社した菊之に「これからはOA化だ。得意先をデータで管理しろ」と告げた。

昭和一桁生まれの清吉がOAなどという言葉を口にするのは意外にも思えるが、早期から渡米して最新の設備を視察し、ポテトチップス製造のオートメーション化を画策するほどの「進取の気性」の持ち主からすれば、当然かもしれない。

OAとはOffice Automation、事務作業の自動化のことだ。

1980年代、OA化の鍵となったのはオフコン（オフィスコンピュータ／和製英語）である。オフコンとは事務処理に特化した小型のコンピュータのことで、メインフレームと呼ばれる大型コンピュータを導入できない中小企業を中心に普及していった。代表的なメーカーは富士通、日本電気（NEC）、IBM、日立製作所、三菱電機など。

清吉にOA化を命じられた菊之は、同業者としてOA化を先行実現していた近隣の洋菓子メーカー（モンテール、木本製菓など）に話を聞きに行き、コンピュータによる販売管理・顧客管理を学ぶ。そして1986年、菊水堂は富士通製のオフコンを導入した。価格は350万円。それでも、入社した2年前の相場と比べればだいぶ安くなっていた。

当時、気の利いた表計算ソフトなどない。菊之はCOBOL（事務作業を行うプログラム開発に利用されるプログラミング言語）を学び、試行錯誤を重ねて全取引先・納品先５００件のデータを登録。売上や出荷状況をコンピュータで管理した。

１９８６年当時の事務所の様子と、入社２年後の菊之（当時29歳）がビデオカメラ映像に残っている。撮影は菊之の母方の従兄弟、岡野千代美の弟・金井康明（１９５４－）。菊之はカメラに向かって「（コンピュータが）パート１人分くらいの仕事はしてる」と語っている。

ところで、オフコンの特徴は「日本独自進化」という点にある。オフコンは各社（多くは国内メーカー）の独自設計で、日本語の取り扱いや日本ならではの商習慣がシステムに反映されており、非常にガラパゴス的進化を遂げた代物であったため、海外製品の進出を阻んだという側面があった。どことなく、日本のポテトチップス市場に似ている。

オフコン導入の翌年、１９８７年頃から１９９１年頃にかけては、日本にバブル経済が押し寄せた。低金利を背景に土地価格や株価が実態と大きくかけ離れて高騰したため、日本中が浮かれてお祭り騒ぎの如く「景気が良かった」と語られることが多い。

しかし、ポテトチップス業界は好景気の恩恵に与ることはできなかった。好景気によって人件費が急上昇したため、それに連動して製造にかかる固定費が信じられないほど上がってしまったのだ。さらに菊之によれば、物流費とゴミの廃棄料が「倍」になった。

社員の何人かが近隣のおしぼり屋に引き抜かれた。飲食店が好調だったのでおしぼり屋の業績が良く、高給を提示されての引き抜きだったという。

入社9年目の抗議文

菊之は入社後、合理化施策を徹底的に推し進めた。不採算商品を切り捨て、営業経費をカット。その結果、営業担当者と喧嘩する日々が続いた。しかしその甲斐《かい》あって、累積赤字は徐々に改善。年ごとに黒字と赤字を交互に計上するまでにはなった。OA化やそれに付随する事務処理プロセスの改善などにより、社員の残業時間も減った。ある見方をするなら、ワンマンでどんぶり勘定だった清吉の経営を、菊之が「整えた」とも言える。

しかし、清吉は菊之の功績を——菊之が認めてもらいたいほどには——認めなかった。

清吉は家族のことをあまり経営者仲間に話さない。だから、菊之が入社する数年前から親交のあった地元・八潮の右川《うかわ》清夫（1935－）（右川ゴム製造所会長）も、息子との衝突はおろか息子が入社していることも知らなかったという。

同じく八潮の経営者仲間である岩沢善和（イワコー創業者）にしてみれば、創業者と2代目の衝突は「当然」だ。岩沢自身も取材時点で子息に社長を譲っていたが、朝、同じフロアに出勤しても、『おはようございます』と言う以外は口をきかないという。

「創業者はゼロから会社を作ったという自信があるし、子供はそれを追い越せるという自信があるから、当然ながら衝突する。でも、会社が伸びるためには必要なこと」（岩沢）

清吉と菊之の親子二代にわたって面識のある狩谷昭男も、同じ意見だ。

「確固たるポリシーをもってやられてたことを、息子さんがこれではいかんと別の角度から手を入れようとする。親としては面白くないでしょうね。でも菊之さんからすれば、清吉さんのやり方では、中小が生きていけないと実感されていた。ご自分なりにどうすればいいかをかなり考えた。それで方針が衝突した」

激しい衝突は反目に変わり、菊之は清吉の経営方針だけでなく、規律や行動にまで苛立《いらだ》つようになる。工場のラインが稼働中なのに、思いつきで壁を箒で掃除し始めた清吉を、菊之が包装室のマイクを通して怒号で止めたこともあった。壁の埃《ほこり》がポテトチップスに降りかかったからだ。清吉が機械の説明書をろくに読まず、思いつきで分解するのも、車の運転が粗いのも、車内がゴミだらけなのも、菊之は気に食わない。

しかし、菊之がいくら言っても聞く耳をもたない。あまりに激しく喧嘩して家を飛び出し、新宿のホテルに1週間逃げ込んだこともある。もう辞めてやろうかとも思った。

限界に達した菊之は、すべてを清吉にぶちまけた。文字がびっしり埋まった13枚にもわたる直筆の手紙を突きつけたのだ。記載されている日付は「平成５（１９９３）年6月3日」。清吉が社長として何が「足りていないか」が、クレーム対応、社員教育、営業活動、製造活動、機械修理、車の運転と、項目別で詳細にわたり厳しく糾弾・指摘されている。

手紙には、菊之が入社後の9年間でどれだけ菊水堂の「再建」に寄与したかも切々としたためられていた。会社としての将来展望や、自分の働きを認めないことに対する断固とした「抗議」も込められている。「認めてくれないなら辞める」というナイフを、父親の喉元に突きつけたのだ。

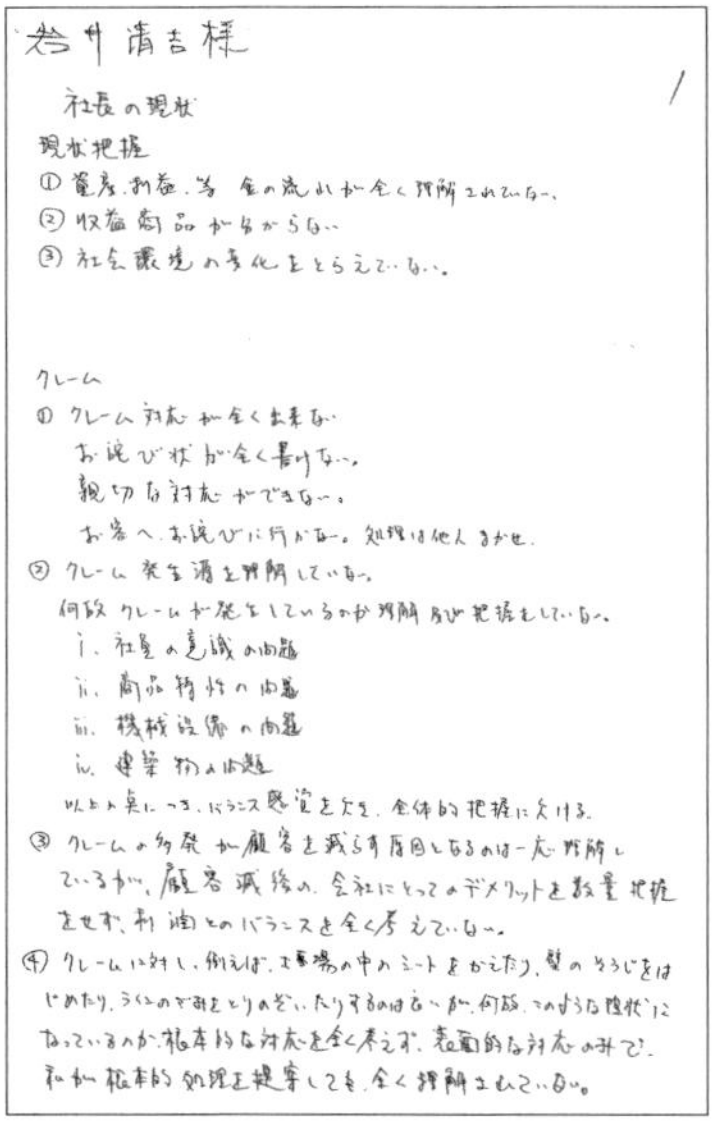

岩井清吉様

1

社長の現状

現状把握

① 資産、利益、等 金の流れが全く理解されていない。

② 収益商品が分からない

③ 社会環境の変化をとらえていない。

クレーム

① クレーム対応が全く出来ない

お詫び状が全く書けない。

親切な対応ができない。

お客へ、お詫びに行かない。処理は他人まかせ。

② クレーム発生源を理解していない。

何故クレームが発生しているのか理解及び把握もしていない。

i. 社員の意識の問題

ii. 商品特性の問題

iii. 機械設備の問題

iv. 建築物の問題

以上の点につき、バランス感覚を欠き、全体的把握に欠ける。

③ クレームの多発が顧客を減らす原因となるのは一応理解しているが、顧客減後の、会社にとってのデメリットを数量把握をせず、利潤とのバランスを全く考えていない。

④ クレームに対し、例えば、工場の中のシートをかえたり、壁のそうじをはじめたり、ラインのごみをとりのぞいたりするのは良いが、何故、このような現状になっているのか、根本的な対応を全く考えず、表面的な対応のみで、私が根本的処理を提案しても、全く理解されていない。

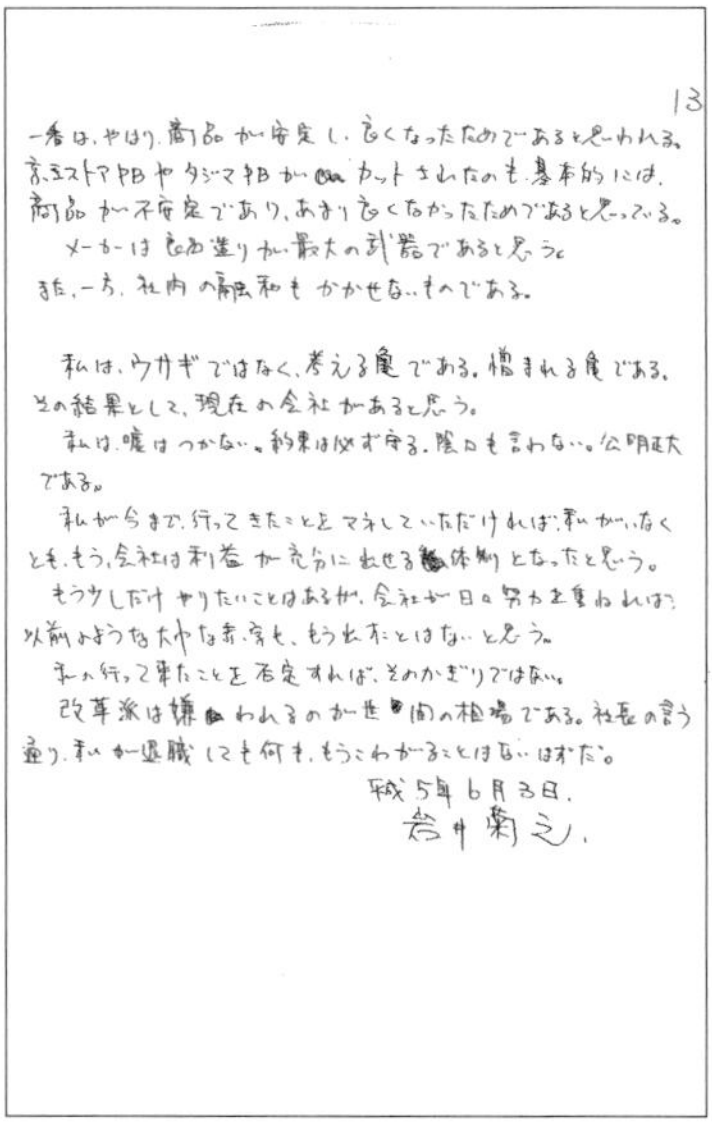

13

一番は、やはり、商品が安定し、良くなったためであると思われる。京王ストアPBやタジマPBがカットされたのも、基本的には、商品が不安定であり、あまり良くなかったためであると思っている。

メーカーは良品造りが最大の武器であると思う。

また、一方、社内の融和もかかせないものである。

私は、ウサギではなく、考える亀である。憎まれる亀である。その結果として、現在の会社があると思う。

私は、嘘はつかない。約束は必ず守る。陰口も言わない。公明正大である。

私が今まで、行ってきたことをマネしていただければ、私がいなくとも、もう、会社は利益が充分に出せる体制となったと思う。

もう少しだけやりたいことはあるが、会社が日々努力を重ねれば、以前のような大きな赤字も、もう出すことはないと思う。

私の行って来たことを否定すれば、そのかぎりではない。

改革派は嫌われるのが世間の相場である。社長の言う通り、私が退職しても何も、もうこわがることはないはずだ。

平成5年6月3日。

岩井菊之

1993年6月、菊之から清吉に宛てた抗議の手紙。

清吉は菊之の抗議を受け入れ、菊之は会社に残った。清吉の胸中はいかなるものだったのか。

清吉の一周忌が過ぎた頃、遺品の中にあった手紙を読み返した菊之は筆者に言った。

「父が私に期待していたのは、『二人で市場を開拓すれば売上が倍になる』ということ。それに関して、当時の私は何もできていなかった」

この抗議文の7年後、清吉は社長を菊之に譲るが、ちょうどその前後に清吉と親交を持ち始めた岩沢は、社長交代に驚いたという。

「清吉さんは、まだまだ第一線でやりたかったんじゃないかな。こんなこと言っちゃ駄目だけど、清吉さんと2代目の菊之さんがタッグを組んでやれば、ね。息子と折り合いが悪い私が、人のこと言ってる場合じゃないんだけど（笑）」

スーパーとコンビニに出遅れた

１９８４年に菊之が入社した頃、日本ではコンビニエンスストアという販売チャネルが少しずつ存在感を増し始めていた。

東京の豊洲に「セブン－イレブン」の日本第1号店がオープンしたのは１９７４年。コンビニの店舗が国内で本格的に増え始めたのは１９８０年代に入ってからである。

コンビニなら、スーパーマーケットが開いていない深夜、あるいは早朝でも買い物ができる。しかも弁当や菓子や雑誌などをまとめて1箇所で買うことができる。この利便性が都市圏の若い生活者たちのライフスタイルにピタリとはまり、コンビニの店舗数は１９８０年代から90年代にかけて増加の一途をたどった。

その「若い生活者」がコンビニでこぞって買い求めヒットしたのが、湖池屋の「カラムーチョ」（84年発売、チップスタイプは86年発売）や、山芳製菓の「わさビーフ」（87年発売）や、カルビーの「ピザポテト」（92年発売）だ。いずれも、それまでのポテトチップスがメインターゲットとしていた「子供」のみならず、青年層や大人層にも受けの良い商品として設計されていた。

このようにポテトチップスと相性が良かったコンビニと、既に菓子販売チャネルとして主流となっていたスーパーマーケットでの販売に、清吉は当初前向きではなかった。清吉が「菓子は昔ながらの菓子屋で売るべき」というノスタルジーに拘泥していたからではない。熾烈な価格競争に巻き込まれるのを危惧したのだ。カルビーや湖池屋と比べればかなり小さなポテトチップスメーカーである菊水堂は、価格競争下では生き残れない。

しかし、１９８０年にピンク・レディーの「ゴールデンポテトチップ」大量返品で倒産した山田屋製菓から菊水堂に移籍した営業マンＴ氏の考えは違った。スーパーマーケットに向けた積極的な展開を行い、かつ、ジャスコ、マルエツ、京王ストアなどのＰＢ（プライベートブランド）に参入したのだ。菊水堂の工場で作ったポテトチップスを、各スーパーでの専売商品として販売するのである。

Ｔ氏の展開提案を受けた清吉は、菊水堂の弱点である量販店チャネルが拡大できないかと、一時は期待を持っていた。しかし結果から言えば、Ｔ氏の展開は菊水堂の経営を悪化させてしまう。大手メーカーとの価格競争で利益が削られたことに加え、菓子問屋を通してスーパーに商品を卸す際のリベートが、大手と比べて段違いに高かったからだ。リベートとは、取引高に応じてメーカーが仕入代金の一部を問屋に払い戻すことだが、平たく言えば「大手スーパーに自社商品を置いてもらうためにカルビーが問屋に支払うリベートより、菊水堂が問屋に支払うリベートのほうがずっと高く設定されていた」というわけである。

勢いのあるカルビー商品は問屋もスーパーも喉から手が出るほど欲しい。身も蓋もないことを言えば、それに比べて菊水堂商品は〝カルビーほどではない〟というわけだ。

もちろん、カルビーのポテトチップスを好む客と菊水堂のポテトチップスを望む客は違う。優劣ではなく、客が違う。

しかしスーパーマーケットという場所では、１袋でも多く売れるポテトチップスが正義だ。コンビニも同様、というよりもっとシビアで、コンパクトを至上とするコンビニ店舗の小さな菓子棚では、物理的に売れ線商品以外を置くことができない。しかも話題性で売れる新商品が優先的に陳列され、売上に少しでも陰りが見えた既存商品はすぐに引っ込められる。そういう場所ではスーパーマーケット以上に、価格訴求力や次々と新商品を繰り出す手数の多さ、あるいは広告宣伝が重要になってくる。

清吉の、菊水堂がやってきた商売とは相性が悪い。悪すぎるのだ。

売ることを考えないでいいものを作った

菓子業界紙「菓子飴新聞」２０２４年新年特集号の「巻頭言」には、菓子業界の今昔がこれ以上なく端的に記述されている。

曰く、かつては「作れば問屋が先を争って現金で買っていくので、どうやって売るのかなどということは考える必要がなかった」「ある時期までは『作れば売れる』というのは当たり前のことだった」。しかし「昭和30年代後半（筆者注：１９６０年代前半）頃から主に大手メーカーの機械化が始まり、生産量がその前とは（筆者注：その前と比べて）飛躍的に増大した」ことによって、「金を使わなければ売れない」に変化した。[*54]

従来型の菓子・パン店や駄菓子店の流通をスーパーマーケットやコンビニが凌駕《りょうが》すると、勝負はますますどれだけの「棚」を取れるかにかかってくるようになった。当たり前だが、店に陳列されていなければ買うことはできない。そこにきてポテトチップスに代表されるスナック菓子は、とにかく商品アイテム数が多いので、棚の取り合いになる。

ポテトチップスのように安価なスナック菓子について、ほとんどの消費者はいきつけの店舗で目に入ったものを買う。他のメーカーの他のポテトチップスが食べたいと思っても、わざわざ別の店を回ってまで狙った菓子を買う消費者は少ない。つまり、棚に置かれていなければ、はなから勝負の土俵にも立てない。

ＣＭを打つなど広告宣伝費をたっぷりかけた大手メーカーの人気商品は、店も問屋も欲しがる。しかし、そうでない商品はリベートを積まなければ問屋が仕入れてすらくれない。卸価格も、大手に合わせて安くしなければ張り合えない。

このような状況に長らく苦しめられた菊水堂は、我慢比べから「降りる」ため、1990年代を通じてスーパーなどに商品を卸すことを段階的にやめ、もともと比率が高かった食品問屋との取引に絞っていった。食品問屋、すなわちホテルのレストラン、映画館、後楽園球場、空港、そして生協といったルートだ。このような直接取引の比率を高め、1商品あたりの利幅を確保する方向に舵《かじ》を切ったのだ。

当然ながら売上は激減する。しかし、背に腹は替えられない。やがて製造する菓子も、最も将来性があると確信できたポテトチップスに一本化する。ポップコーン、えび満月、ポンせんべい（米菓子）などの製造はすべてやめた。決断を下したのは2000年から社長を務めることになる菊之だが、清吉は菊之の決断に一切異議を唱えなかった。

イワコーの岩沢は、生前の清吉が口にしたことを強烈に覚えている。

「俺が湖池屋に負けたのは、売ることを考えないでいいものを作ったからだ」

普通なら、ここで菊水堂という零細企業は〝終わる〟。よくある話ではないか。昔ながらの頑固な職人魂を守る老舗が、時代の波に抗《あらが》った末、誇り高く消えていく。もはやその記憶は、古き良きニッポンというお仕着せのキャッチコピーとともに、年配客の記憶に留まるのみ。あな美しきかな。

誇り高く消えていくという選択肢に、もし「それ以外」があるとすれば、「大手の軍門に降《くだ》る」だろうが、実際そんな話もあった。まさ子の甥、五十嵐康史の証言。

「僕が下宿でお世話になっていた1980年代の後半くらいは、菊水堂が一番大変な時期だったと思うんですよ。当時まさ子伯母さんは、とある外資系大手から買収の話が持ちかけられたけど断ったのよ、と言っていました」

どんなに苦しくても、清吉とまさ子は菊水堂を消滅させる決断をしなかった。むしろ、清吉はしきりに言っていた。

「菊水堂は、ゲリラ戦でなければ勝てない」

清吉は戦いをやめないどころか、まだ「勝つ」つもりだった。

平家の落人伝説

清吉の故郷である群馬県内には、源平合戦で敗れた平家の一門やその郎党が住み着いたとされる地が、何箇所かある。いわゆる「平家の落人《おちうど》」伝説だ。彼らは源氏の追っ手を逃れて生き延びるため、あらゆるアイデアを総動員して山中を逃げのびた。追っ手の考えを読み、その裏をかいて、普通なら通らない道を通って逃げた。下仁田の南にある多野郡神流町持倉《かんなまちもちぐら》には、山道が険しすぎて馬に乗って通過することができなかった平家の落人たちが、馬を降り、手に鞍《くら》を持って登ってきた——という言い伝えがある。

平家の落人に限らず、京に続く中山道が通る群馬県には、戦乱のたびに多くの敗れた人たちが流れ着いていたようだ。また、清吉が生まれた馬山村は川越街道から死角に位置する集落であり、かつては鏑川に橋もかけられていなかった。「隠れる」には絶好の場所だったのかもしれない。

敵は強大な巨人、こちらは非力な蟻。正攻法では生き残れない。生き残るためには、敵が考えもしない、意外な策で翻弄するしかない。菊之によれば、当地の民にはそういった考え方が連綿と伝承されているように感じるという。

清吉が繰り返し唱えていた「ゲリラ戦」の本質とは、つまりそういうことだ。

ゲリラ戦とは戦争において、正規軍による一般的な戦闘とは対極にある戦い方を指す。小回りの利く小さな部隊による奇襲、待ち伏せ、攪乱《かくらん》。現代史におけるゲリラ戦は、第二次世界大戦中の各地でのレジスタンス運動、ベトナム戦争、キューバ革命などでよく知られている。圧政に苦しむ〝弱者〟たる民衆が、国の正規軍や諸々の支配体制たる〝強者〟に対して蜂起し、一泡吹かせる。

中でもベトナム戦争時、北ベトナムがアメリカ兵に対して仕掛けた「ブービートラップ」はゲリラ的な戦略の典型だ。「米兵の死体の下に爆弾を設置し、回収に来た米兵もろとも吹っ飛ばす」「落とし穴の底に竹槍《たけやり》や釘《くぎ》を設置し、その先に人糞《じんぷん》を塗っておくことで外傷だけでなく感染症によるダメージも狙う」など。米兵からすれば、あまりに「小賢《こざか》しい」やり方だが、実際に効果があったことは確かだ。軍事力も食料も足りない北ベトナムにとって、我が物顔で自国に介入してきた巨人を追い払うためには、なりふりかまってなどいられない。

巨人が思いもよらないやり方とは？

菊水堂が相変わらず大手に苦しめられていた1995年11月、時代の変革を高らかに謳うニュースが報じられた。「Microsoft Windows 95」の発売である。

米マイクロソフト社が開発した、コンピュータを動かすための基本ソフト（オペレーティングシステム／OS）。当時は、それで一体何ができるのを理解している者は少なかったが、清吉はひらめいた。

「Windows 95」によってインターネットというものが普及するらしい。ホームページを作れば、元手がなくても手軽に情報発信ができる。ということは、パソコンを通じて個人を相手に通販ができる。封書やテレビショッピングなどよりずっと手軽な、消費者への直接販売だ。これならスーパーやコンビニの棚の取り合いを避けられる。マージンを要求する問屋も飛ばせる。自社の商品を、それが欲しいと思う人に直接届けることができる。清吉は菊之に命じた。

「インターネット通販を始めろ。インターネットはゲリラだ」

早すぎたゲリラ戦法

1996年6月、菊水堂はホームページを開設。翌1997年8月に「ゆうパック」を利用したポテトチップスのネット通販を開始する。

しかし、結論から言えば失敗した。あまりにも早すぎたのだ。

実際、「Windows 95」は個人が家庭で使うパソコンを爆発的に普及させる原動力となり、インターネットを世界的に普及させる最初のきっかけともなった。そのインターネットの普及はあらゆる商流を破壊・変革し、企業規模の大小を超えてビジネスチャンスを運んだ。個人が商売をすることも可能にした。

ただ、それはもっと後の話である。

米国ヤフーと日本のソフトバンクが合弁でヤフー株式会社を設立したのは１９９６年1月、国内初の商用検索サイト「Yahoo! JAPAN」がスタートしたのは同年4月である。そのたった２ヶ月後に菊水堂はホームページを開設した。確かに早すぎる。世間のほうがまるで追いついていない。

１９９６〜97年時点でホームページを開設していたのは大手企業やメディア系企業が中心で、菊水堂のような菓子販売の中小企業は稀《まれ》。「ポテトチップ」で検索すると「菊水堂」が上位にヒットした。しかし、菊之が同業者の集まりや青年会で「共同でネット販売をしませんか」と声をかけても、誰も乗らない。業務以外でインターネットを日常的に使っている日本人もそれほど多くはなく、インターネットで買い物をする者はさらに輪をかけて少なかった。

Amazonが日本でのサービスを開始したのは２０００年である。

数年は頑張ったが、菊水堂のネット通販は振るわなかった。ホームページへの訪問数も伸びる気配がない。ネットプロモーションやＳＥＯ対策をきちんとやれば、もしかすればブレイクしたかもしれない。しかし、当時そのような知識と知見を有し、それを実行できるだけの技術力や資金力があったのは限られた企業だけであった。埼玉の零細菓子会社にとって当時のインターネットはあまりに複雑で、あまりに広大で、あまりに魑魅魍魎《ちみもうりょう》すぎた。手に負えなかった。

結局、２００４年10月に「ゆうパック」の料金が2倍に値上げされたこともあり、菊水堂は２００５年11月にネット通販を廃止する。

何度も言う。早すぎたのだ。

しかしこの経験は無駄ではなかった。清吉の「インターネットはゲリラだ」は、この数年後、圧倒的かつ絶対的に正しかったことが証明される。

お土産ポテトチップス

清吉は70歳を迎える直前の２０００年に社長の座を菊之に譲っているが、その熱いゲリラ魂は、息子の菊之にもいかんなく継承されていた。

２００１年9月、菊水堂は「宇都宮餃子味」のポテトチップスを当地のお土産用として製造し、大ヒットを飛ばす。

お土産品の問屋は一般的な菓子問屋とは異なるため、従来型のリベート慣習とは無縁の世界である。また、商品が置かれる場所もスーパーやコンビニではなく、高速道路のサービスエリアにある売店や現地の土産物店なので、少量生産・少量販売になることが多く、大手よりも菊水堂のような中小メーカーのほうが向いている。しかも「お土産」ゆえに内容量の割にやや強気の値付けもできる。従来型の土俵では戦わない。これもひとつのゲリラ戦だ。

実はお土産用ポテトチップスはもっと前から市場に存在したが、それらは箱入りの商品だった。箱型パッケージは重ねて整然と積める利点はあるが、メーカーからしてみると包装にコストがかかるため、手間の割に利幅が薄い。かつて菊水堂は、デパート、映画館、野球場、空港など向けに化粧箱入りのポテトチップスを製造していたが、このような理由でやめていた。

２０００年のある日、菊之はお土産チャネルの問屋に呼ばれた。行ってみると、そこには山芳製菓の人間もいる。問屋の担当者は言った。「お土産用に箱入りポテトチップスを作ってほしい」。しかし、かつての経験がある菊之は、手間を理由にそれを辞退する。

すると、その話を聞きつけた別のお土産チャネルの問屋から「ピロー包装（袋状の普通の包装）のままでもよいので、作ってほしい」という提案を受ける。*55 そこで製造したのが「宇都宮餃子味《ぎょうざ》」である。

ただ、袋は箱と違って重ねて積みづらい。当時の土産物売り場の什器《じゅうき》は箱パッケージを想定した平台だったので、陳列に難が生じた。そこで、囲いのある専用ワゴンを提供してレジ前に置いたところ、これが功を奏した。レジ前は最も目立つ場所だ。会計時に珍しい味のポテトチップスに目がとまり、つい手が伸びる。それで売れた。

「宇都宮餃子味」のヒットを受け、菊水堂は長野の「野沢菜わさび味ポテトチップス」、静岡の「お茶わさび味ポテトチップス」、富山の「しろえびポテトチップス」、埼玉の「深谷ネギみそ味ポテトチップス」などを次々と開発する。すべて菊水堂のメーカー名は大々的に謳われないOEM商品。最も多い時で、なんと21アイテムも製造していた。

現在、お土産ポテトチップス市場には多くのポテトチップスメーカーが参入し、一大市場を築いているが、元々は菊水堂が先鞭をつけたものである。

個人消費型のお土産

実は、袋入りのお土産ポテトチップスは、お土産の「買われ方」そのものを変革した。普通の旅行客は帰り道で土産を買う。職場や近所に配るものなので、行きに買うと荷物になるからだ。すなわち高速道路の場合、東京に向かう上りサービスエリアのほうがお土産の売れ行きは良い。

しかし土産物屋の声を拾ってみると、ご当地ポテトチップスは下りサービスエリアでもよく売れていた。理由は、行き道の車中もしくは滞在先の宿で食べるために買う客が一定数いたからだ。菊之は「スキー客の若者が、滞在中に菊水堂のポテトチップスを食べている」という声をよく耳にした。多岐にわたるレジャーが盛んな夏ほどはお土産の売れ行きが伸びない冬場でも、お土産ポテトチップスは若いスキー客によく売れたので、評判を聞きつけた多くの土産物店が次々と取り扱いを切望。こうしてお土産ポテトチップスは、「他人へのお土産」ではなく「個人消費型のお土産」として新たな市場を開拓したのである。

ちなみに、大ヒットしたお土産スナックとして近年よく知られているのが、カルビーの「じゃがポックル」だ。ジャガイモをスティック状にカットしてフライしたもので、千歳市にあるカルビーの北海道工場のみで生産されている北海道限定の箱入り商品である。2002年に「ぴゅあじゃが」という名前で販売されたのち、2003年に「じゃがポックル」に改称。2

「下仁田ねぎポテトチップス」

００４年頃にメディアで紹介されたことをきっかけに大ヒットし、一時は北海道出張に行く会社員に近親者がこぞって購入をせがむ超人気商品となり、品薄が相次いだ。

菊之はこの頃、カルビーの当時の社長・松尾雅彦から「岩井君、うちもいよいよお土産を始めたんだ」と言われた。松尾は菊水堂がお土産マーケットで名を馳《は》せていることを強く意識していたらしい。

そんな中、清吉は菊之に提案した。

「おい、下仁田ネギ味も売れよ」

東京に出てから、自分を育てた郷里への恩をひとときも忘れることのなかった清吉からすれば、当然の発想であろう。果たして下仁田ネギ味は製造され、現在に至るも販売は続いている。「道の駅しもにた」では常設販売商品だ。

提案の際、清吉はこう言った。

「売れなくてもいいんだ。これは故郷の味だからな。損してでも作れ」

上海の陳麗文

ここで、時計の針を少し戻そう。

１９９６年の上海。当時、市内の高級ホテルである花園飯店上海（オークラガーデンホテル上海）に、ホテル専属の日本語通訳として働く女性がいた。名を陳麗文《ちんれいぶん》（１９７３−）という。上海のフランス租界で生まれ育ち、大学を卒業した数ヶ月前にこのホテルに職を得、日本の有名人の通訳も担当した。ただ、いずれは語学力を活かして海外を股にかける仕事をしたいと考えていた。

彼女の祖父は陳秋草《ちんしゅうそう》（１９０６−88）という画家で、上海美術館の館長を務めたこともある人物。芸術家＝文化人であったため、文化大革命（１９６６−76）では下放《かほう》、すなわち地方へ強制的に移住させられた。文革が終息した後は、江沢民《こうたくみん》（１９２６−２０２２）の息女にも絵画を指南していたらしい。江沢民は鄧小平《とうしょうへい》の後継者として１９８９年から２００２年まで中国共産党の中央委員会総書記を務めた政治家だが、芸術に造詣が深いことでも知られている。１９８０年代後半の上海市長時代に陳秋草と交流があったようだ。

１９９６年９月のある日、陳はボスから指示を受ける。「日本から来たビジネスマンが事前に通訳を手配していたらしいが、３日間滞在するうちの中１日がオーバーブッキングだったようで、困っている。代わりに彼の通訳を担当してほしい」

その日本人ビジネスマンが菊之である。上海日清製油のボトリング工場を視察に来ていた。陳は菊之に同行した。工場のほか、ジャガイモを売る露店も見て回った。上海の市内観光も兼ねていたので、さまざまなレストランで菊之と食事をした。陳は食事中の雑談で「アメリカか日本に留学したい」と告げたが、菊之は「日本なんて来ないほうがいい」と返した。

菊之は帰り際、ホテルのフロントに陳を待たせ、日本から持参したポテトチップスを手渡した。

１年後、陳は来日して、新宿の文化女子大学（現・文化学園大学。同じ敷地内に姉妹校の文化ファッション大学院大学、文化服装学院、文化外国語専門学校がある）に通い始める。アパレル関係の仕事に就くためだ。

ただ、慢性的に金欠だった。陳の家庭はある程度恵まれていたとはいえ、当時の日本の物価は上海に比べて相当に高い。特に苦しんだのが住居費だ。学校のある新宿周辺にはとても住めないので、東京を横断した東側、隅田川と江戸川に挟まれた江戸川区瑞江《みずえ》のアパートに住んだ。夜は上海時代に知り合った日本人――居酒屋チェーンの専務――の伝手でホールスタッフのアルバイトなど複数のアルバイトを掛け持ち。食費を節約するため、大きなパンをひとつだけ買って昼と夜で分けて食べた。

陳は来日したこと、アルバイトを掛け持ちしていることを菊之にも伝えていた。菊之がそれを清吉に話すと、清吉は言った。

「うちに連れてきなさい」

清吉は陳に八潮の自宅の一室を提供するからと、引っ越させた。かつて清吉の親族たちも厄介になった部屋である。家賃は破格の2万円。ここに水道光熱費も含まれている。しかも冷蔵庫にあるものは自由に食べてよく、まさ子が毎日のように食事を用意してくれた。

陳は学校を卒業後、希望通りアパレル関係の職に就いた。日本の大手スーツメーカーに飛び込みで注文を取り、中国産の生地を売る仕事だ。陳はめきめきとビジネスセンスを磨き、その後は日中だけでなく多国間をまたいだアパレルビジネスを展開する実業家になった。現在でも頻繁に上海と東京を行き来している。

2023年8月、東京で筆者にこの話をしてくれた陳は、清吉のことを「お父さん」、まさ子のことを「お母さん」と呼んだ。

「お父さんは心が広い人」

陳は八潮の菊水堂に下宿中、ポテトチップス工場の人手が足りない時は、学業の合間に段ボール詰めなどを手伝っていたため、清吉の仕事ぶりを間近で見ていた。当時の清吉について聞くと、流暢《りゅうちょう》な日本語がとめどなく溢れ出した。

「とにかくよく働く人。普通の人とは違う。思ったらすぐ行動」

「じっと座っていない。働いていないときは寝てる。起きたら働いてる」

「朝6時に起きて工場に行って、疲れたから一度家に帰って、夜中にまた働いて、疲れたら寝る。その繰り返し」

清吉は1930年生まれ、当時にして間もなく70歳に手が届く頃だった。

「自分が今やるべきことは何かを思いついたら、すぐにやる。ただし、わがまま。自分がやりたいと思ったことしかやらない」

「大雑把な人で、細かいことは言わない」

このあたりは、息子の菊之たちを散々振り回してきた気質だ。

陳は文化女子大学の卒業式で、まさ子と一緒に写真を撮った。2ショットはまるで母と娘のように見える。

陳はその後も岩井家と長きにわたって家族ぐるみで交流を続けた。清吉一家が上海に旅行に赴いた際には陳の両親ともども各地を巡り、陳の両親が来日した際には、清吉の運転で四国まで連れて行ってもらった。

現在の陳は日本に帰化し、吉麗雅《よしりか》という日本名を持っている。ひとり娘には日本風の名前をつけ、インターナショナルスクールに通わせて日本語・中国語・英語を学ばせた。娘には中国と日本両方の文化に触れさせたかったのだという。

陳の、ある言葉が印象的だった。

「お父さんは心が広い人。私は中国人だけど、嫌味を言わなかった」

1990年代後半の東京。居酒屋のバイトで生活をしのいでいた中国人女性が、自分を取り巻くすべての日本人と清々《すがすが》しいコミュニケーションを取れていたわけではない。この異国の地で、陳にとって清吉がどれほど心の支えになっていたことか。

陳麗文（左）とまさ子（右）。2000年、文化女子大学の卒業式当日、写真館にて。

清吉の「心の広さ」は世界に開かれている。

清吉は国内外問わず、ポテトチップス関係者の視察を一切拒むことなく受け入れてきた。かつての濱田音四郎を彷彿とさせる。中国、ロシア、台湾、ベトナム、バングラデシュ。そして国内の競合メーカー。ケチなことは言わない。見たいと言えば、全部見せる。

バングラデシュのポテトチップス工場設立に際しては技術指導を務め、高齢だったにもかかわらず現地に飛んで試運転にも立ち会った。当時世界最貧国のひとつだったバングラデシュ。衛生環境は劣悪を極め、頻発する洪水で列車の線路はほとんど見えず、工場は停電が相次いで思うようにいかない。そんな場所にも、清吉は臆さず赴いた。

清吉には、１９６８年に渡米した際、快く工場を見せてくれた現地のアメリカ人たちに対する恩があった。あの視察がなければ、その後の菊水堂の発展はない。だから、恩返しをする。ポテトチップス市場が発展するためなら、どんな相談も依頼も拒まない。

なぜか辞められない

八潮の菊水堂工場に隣接する岩井家。その仏壇に飾ってある清吉の遺影は、視線が正面を向いていない。豪放磊落《ごうほうらいらく》、我が道を行く清吉ではあったが、その一方、恥ずかしがり屋で、身内以外に自分のことはほとんど話さず、自慢や自己アピールの類いは皆無だったという。

血縁者以外の清吉評をかいつまむと、歳を重ねても少年のように探究心が強く、研究熱心で世話好き、言葉で相手を説得するというより行動で示す不言実行の人、という人物像が見えてくる。

イワコーの岩沢は、清吉を含む商工会の経営者仲間たちと2、30人の大所帯で富岡製糸場の展示を見学に行ったことがある。当時の清吉は社長引退後だから、70歳は過ぎていたはずだ。

「ふと気づいたら、清吉さんの姿が見当たらない。探したら、向こうの方で館内の人に『この機械はいつ作ったんだ』『幾らくらいするんだ』なんて延々質問攻めして、ずっと説明を聞いてる。第一線を引いてもまだこんなに知的好奇心があるんだと驚きました」

菊水堂の現役最古参の社員である石川三枝子と田口京子は、1989年にパートとして工場で働き始め、その後社員となって現在に至る。2024年時点で勤続なんと35年だ。

「冗談をよく言う楽しい方。今じゃ駄目だけど、ふざけて私らのお尻を触ったり（笑）。会社の新年会では必ず自前でカセットテープを用意して、従業員をひとりずつ誘ってチークダンスを踊るんですよ。もちろん誘うのは女性だけ」（石川）

「社長なのに、近寄りがたさみたいなものがまるでない人。ずっと作業着でした。私、働きはじめの頃に作業着の清吉さんを工場内で見かけて、どこで働いてる工員の人かなと思って別の方に聞いたら、あれ社長だよって（笑）」（田口）

社長を退いて会長になってからは直接的にポテトチップス製造には関わらなくなったが、研究は怠らなかった。

「新しいものをいつも研究していました。小松菜を材料にしてチヂミを作ってみたり。クワイのチップは商品化されて結構売れました。私たち、いつもは通常のポテトチップス製造ラインにいるんですけど、時々会長に呼ばれると、ラインを抜けてお手伝いをしてたんです。ポテトチップスの製造ラインが第1工場、会長が研究していたのは第2工場。私らはここを〝第2サティアン〟*56と呼んでました（笑）」（石川）

35年にもわたりひとつの工場で働き続ける理由について石川に聞くと、「菊水堂という会社そのものが好きだったから」と即答された。

「会長に怒られたりもしましたけど、何か好きだったんですよ。働いてる人も、商品も。雰囲気なのかな？　なんだろう、特別な魅力があるような気がする」（石川）

田口も同様に「働いている人の人間性、人間関係」を長く勤め続けている理由に挙げた。

「辞めようかなと思った時期もあったんですけどね。なぜか辞められない。アットホームというか。どうしてもこの職場に惹かれちゃって」（田口）

終章　一《いっ》時《とき》

2005年の清吉。朝日新聞朝刊（第二埼玉）「会社のチカラ　くらしを変える埼玉　食の東西①ポテトチップ」（2005年10月22日）より。
提供　朝日新聞社

東日本大震災の大打撃

2000年代を通じ、お土産ポテトチップスは菊水堂の経営を支える売上の柱となっていく。そこで菊之は、製品の品質を上げるべく思い切って包装機や搬送機などの設備投資を行う。総額8000万円。この先も売上が伸びていくであろうという期待をかけた先行投資だ。実際、お土産ポテトチップスの売上は2000年代を通じて順調に伸びていた。

ところが、2011年3月11日に東日本大震災が勃発する。

工場設備そのものはほぼ無傷。コンベアのビスが1本抜けただけだった。しかし、東日本では旅行どころではなくなった。旅行市場は急速に萎《しぼ》み、連動してお土産ポテトチップスの売上も激減する。当時、菊水堂の売上の半分はパルシステムを中心とする生協関係、半分はお土産ポテトチップスだった。

「東北地区は全滅しました。青森の田子町にんにく味、岩手の比内地鶏味、宮城の牛タン味、水戸の納豆味、すべてです。お土産マーケットが一気に冷え込み、設備投資で借りた金の元本が返せなくなった」（菊之）

泣く泣く人員整理し、菊之は一時、自己破産も考えたという。1984年の入社時から、いつか会社を畳むかもしれないことを覚悟してはいたものの、実際その危機に直面するとかなり応《こた》えた。天災ゆえに誰が悪いわけでもない。

もう、本当にできることはないのか？

２０１１年秋、菊之はパルシステム協力会メンバーが主催する勉強会に参加する。テーマはネット通販。

この時期になると、かつて年配層を中心に叫ばれていた「クレジットカード番号をネットに打ち込むなんて」という抵抗感はほぼ消滅し、老若男女が気軽にネット通販を使うようになっていた。

なにより、売り手側のビジネスチャンス拡大のメリットは大きかった。店舗がなくてもネット上に出店できる。アイデア次第でさまざまなプロモーションが仕込める。客は事実上、全世界だ。

先述したように、菓子業界は、オートメーション化による大量生産、大量商品供給が定着した頃から、「作れば売れる」ではなく「金を使わなければ売れない」商売に変化した。それは現在でも基本的には変わらない。資金力を持つ者が、より多くの販売機会を手にする。

しかしネット通販という場所は、そこをフラットにする。資金力のある者にもない者にも、同じ商機が与えられる。蟻は必ずしも巨人に踏み潰されない。

今こそ、清吉がトライして失敗したネット通販を再開させる好機だ。やらない手はない。

「できたてポテトチップ」

ネット通販で売るのはもちろんポテトチップスだ。とは言っても、このために新商品を開発するわけではない。菊水堂が数十年にわたってホテル、レストラン、喫茶店などに納め続けてきた業務用ポテトチップスを、もっと小分けにして売るのだ。「ジャガイモ、油、塩」だけを使用した、菊水堂の真髄が詰まった虚飾のないポテトチップス。品質には絶対の自信がある。業務用と同様、パッケージ（包材）は中身が見える透明フィルムの袋とした。かつてポテトチップスは透明袋が主流で、湖池屋もカルビーも初期は透明袋だった。しかし光を通す透明袋は品質の劣化を早める。そこで1983年、カルビーがポテトチップスとしては業界で初めて、遮光性、防湿性、防臭性を飛躍的に向上させるアルミ蒸着フィルムを導入。以降、各社が追随した――という経緯がある。

しかし業務用ポテトチップスは段ボールに梱包されたままで納品されるので、安価な透明袋でも品質に問題はない。段ボール箱単位で発送する個人向けのネット通販でも同じこと。ただ、品質だけでは足りない。やるからには「巨人」ができないことをやるべきだ。でなければ、消費者は送料を負担してまで買ってはくれない。プラスアルファが必要だ。

菊水堂という小所帯の零細企業にできて、大手にはできないこととは？

それは、ポテトチップスを「できたて状態」で配送することだ。注文者の手に最速で製造日の翌日に届ける。新鮮だから絶対的に美味しい。製造してからスーパーなどの売り場に並ぶまでに1週間はかかる大手メーカーの商品流通で、こんな芸当はできない。限りなく大きな優位性ではないか。

産地直送野菜のようなものだ。大手流通に乗らない、乗せないからこそ、新鮮なものを最速で消費者に届けられる。消費者はその新鮮さに価値を見出し、余計に金を払ってもいいと考える。ポテトチップスを最初から「日配品＝生鮮食品」として取り扱っていた清吉の考え方が、ここに来て最大限に生きた。

商品名は、セールスポイントを直接ネーミングして「できたてポテトチップ」とした。「できたて」が最大の売りなのだ。下手なマーケティングなど必要ない。

２０１２年６月、通販サイトを構築し、ヤマト運輸を使ったネット通販を開始。果たして、目論見《もくろみ》は成功した。新鮮なポテトチップスは美味しいということに、「できたてポテトチップ」を食した多くの消費者が驚いた。「できたてポテトチップ」はポテトチップス好きの間で知名度を上げ、知る人ぞ知るポテトチップスになっていった。

作り方は変えていない。清吉と菊之が親子二代にわたって「最良のポテトチップス」を追求し続けたにすぎない。時代が、勝手に追いついた。

安売り競争の「外」で

実はこの時期、ポテトチップス業界には「価格破壊」の嵐が猛威をふるっていた。往時ほどポテトチップスが売れなくなり、工場稼働率の低下に悩まされていた業界トップのカルビーが、２００９年、全国に多数抱えている工場稼働率を「上げる」べく、むしろポテトチップスを増産。卸価格（カルビーの出荷価格）を下げて消費者の手に取らせるという施策をとり、これが功を奏する。２００８年のリーマン・ショック以降に国内経済が低迷し、社会全体が「なるべく安いものを買いたい」空気になっていたことも追い風となっていた。

ただ、王者カルビーが価格を下げれば、他も下げるしかない。

2000年代末から2010年代前半にかけてのポテトチップス業界は値下げ競争が激化し、二番手の湖池屋や三番手の山芳製菓は相当苦しめられた。安売りすれば利益が確保できない。とはいえ高くすれば店頭でカルビー商品に負ける。我慢比べが続いた。

しかし、一般流通から引いていた菊水堂は、この「地獄のチキンレース」に参加しないで済んだ。むしろ「安いから買う」消費者〝以外〟に客を絞った。いくら景気低迷中とはいえ、いやむしろ景気低迷中だからこそ、万単位の出費は無理でも、いつものお菓子に数十円、数百円を追加して「ささやかな贅沢」「良いものを食べたという満足」に金を払いたい。そういうニーズを結果的に汲んだのである。

「作れば売れた」時代から、生産過剰の「金を使わなければ売れない」時代へ。菓子が簡単には手に入らなかった時代から、コンビニやスーパーで手軽に手に入る時代へ。そんな中、「ネット通販」という能動的な購買活動によってしか手に入らない菊水堂のポテトチップに価値が宿った。そのことは、この数年後、苦労して手に入れたアイテムや時間をかけないとたどり着けない風景の写真が「映《ば》える」として高い価値を持つことになったInstagramの隆盛（日本では2018年以降）を、うっすら連想させる。

清吉のファーストトライから実に15年。時代の風は、いつの間にか菊水堂の味方となっていた。

「良い時は、一時《いっとき》」

日本のポテトチップス市場を飛躍的に拡大したのは、団塊ジュニアである。

団塊ジュニアの一般的な定義としては、１９７１（昭和46）年から１９７４（昭和49）年に生まれた世代。第二次ベビーブーム世代とも呼ばれており、人口ピラミッドでは、彼らの親世代である団塊世代（１９４７～49年生まれ／第一次ベビーブーム世代）と並んで多い。子供時代の彼らのおやつとして、安く、腹もちが良く、母親が用意するのに手間いらず（生菓子と違って買い置きが可能）のポテトチップスは大変に重宝された。

この件については、カルビーも同じ認識である。筆者は２０２２年の同社取材時に、以下のような見解を得ている。「１９８０年代から１９９０年くらいまでポテトチップスの売上は伸び盛りでしたが、その理由のひとつが人口構成」「子供の人口が最も増えていた時期で、彼らのおやつとして食べられたことが、売上を伸ばした最も大きな要因*57」

スナック業界のロングセラーとして名高い「カラムーチョ」（湖池屋、１９８４年発売）、「わさビーフ」（山芳製菓、１９８７年発売）、「ピザポテト」（カルビー、１９９２年）は、いずれも団塊ジュニアが子供の頃から青年期にかけて登場し、彼らの間で絶大な人気を博した。現在中年になった団塊ジュニアは、今でもこれらが大好きだ。

団塊ジュニアは、間違いなくポテトチップス世代。言わば日本のポテトチップス市場の牽引《けんいん》車である。その団塊ジュニアが40代という中年期に差し掛かり、多くが健康に気を遣いはじめたタイミングで、食品添加物を使っていないヘルシーな「できたてポテトチップ」は大きな脚光を浴びることになる。

1972年生まれの団塊ジュニア、マツコ・デラックスが司会を務めるTV番組『マツコの知らない世界』(TBS系)は、2015年3月10日の放送回で「マツコの知らないポテトチップスの世界」と銘打ち、〝お菓子勉強家〟を名乗る松林千宏《ちひろ》をゲストに招いた。松林はTV東京系『TVチャンピオン』で放送された「第2回コンビニ通選手権」「スナック&駄菓子通選手権」「お菓子通選手権」で優勝した経歴を持つお菓子通。実はコンビニ大手・ローソンの社員でもある。

松林は日本のポテトチップスの歴史を解説しながら、さまざまなポテトチップスの魅力をマツコと一緒に実食しながら伝え、その最後に、「究極のお取り寄せポテチ」として「ホントは私、教えたくないんですけど」と前置きしながら菊水堂の「できたてポテトチップ」を紹介した。VTRには菊之も出演。製法などを解説した。

VTR明け、「できたてポテトチップ」を試食したマツコは称賛の言葉を口にし、番組は終わった。時間にすればたった4分ほど。しかし視聴者には絶大なインパクトを残した。

この菊水堂紹介パート放映直後の同日21時半頃から、菊水堂の通販サイトにはアクセスが殺到する。その後の23時間で、1セット6袋入り税込1800円(送料別、当時の価格)の「できたてポテトチップ」に2万セットもの注文が入った。2万セットとは、同社で製造可能な量の約1ヶ月分に相当する。工場はフル稼働、連日の残業により、翌4月中旬にようやく全量を納品することができた。

放送を機に、菊水堂には新聞・テレビ・雑誌などマスコミの取材が相次ぎ、埼玉の〝知られざる〟老舗ポテトチップスメーカーは全国規模で知名度を上げていく。同年12月には「Ｙａｈｏｏ！検索大賞２０１５」で「お取り寄せ部門賞」を受賞。それから２０２４年現在に至るまで、ＴＶ番組や雑誌上でポテトチップス企画が組まれる際に、「できたてポテトチップ」は必ずと言っていいほど取り上げられる定番アイテムと化した。

こうして書くと、まるで宝くじにでも当たったかのような〝幸運〟が菊水堂に突如舞い降りたような印象を持たれるかもしれない。キー局ネットでゴールデンタイムに放映される人気番組にピックアップされたことは、菊水堂という超ベテランボクサーにとっての〝ラッキーパンチ〟だったのか？

否《いな》、だ。

半世紀にわたり清吉と菊之が真面目に作ってきたポテトチップスが、ようやく多くの人に〝見つかった〟だけのことである。見つかるべくして見つかった。ちゃんと作ったものが、たくさんの人にちゃんと評価された。気が遠くなるほどの長い時間、地道にトレーニングを続けてきたからこそ、突如組まれたビッグマッチでパンチを当てることができた。ただ、それだけのこと。

「できたてポテトチップ」の大ブレイクでてんてこ舞いの日々が続く菊之を、清吉は「良かったね」と言葉少なに労《ねぎら》った。

ただ、必要なこと以外はしゃべらない清吉とは対照的に、菊之曰く「几帳面で口うるさい」母・まさ子は、釘を刺すようにポツリと言った。

「良い時は、一時《いつとき》」

まさ子と清吉の商売は、自らの意思ではどうすることもできない不可抗力、時代ごとに道を阻む「巨人」に翻弄され続けてきた。戦争を挟んだ実家の興隆と没落、ポテトチップス商売の順調と低迷、お土産ポテトチップスの成功と東日本大震災の打撃。息をつく暇もない。濁流に浮かぶ笹舟のように、浮かべば沈み、沈めば浮かぶ。

中でも、生まれ故郷の生糸産業が辿《たど》った栄枯盛衰ぶりといったらない。明治維新以降の好景気、太平洋戦争では息の根を止められ、戦後は再び産業として復活したが、海外からの安い生糸の輸入と養蚕農家の高齢化により、1970年代以降の生糸産業は劇的に衰退して現在に至る。昭和30年代には群馬県内で8万戸を超えていた養蚕農家も、現在では「数十戸」しか残っていない。[*58]

永続する栄光などない。

しかし、這い上がれない地獄もない。

長い人生、いい時も悪い時もある。禍福《かふく》は糾《あざな》える縄の如《ごと》し。夫・清吉はいい時に慢心するでもなく、悪い時に消沈するでもなく、ただひたすら研鑽し、挑戦してきた。「良い時は、一

品川工場時代のまさ子。1960年前後、戸越銀座商店街近くにて。

時」は、それを一番の間近で見てきたまさ子だからこそ言える、重たい一言であった。

私らなんかとは全然違う感覚の持ち主

イワコーの岩沢と清吉との間には、単に経営者仲間ということ以上の関わりがある。

「20年くらい前に家内が病気で死んじゃって、それからは私、独り身だったんですよ。そうしたら、今から10年ちょっと前くらいですか。清吉さんが私に言うんですよ。再婚したらどうだ、こんな人がいるんだけどどって」（岩沢）

その女性はまさ子の友人で、岩沢と同じく連れ合いに先立たれていた。岩沢は清吉の提案に軽い気持ちで、はあそうですか、じゃあお願いします、と返事をする。

後日、埼玉の越谷で地元企業が出展する展示会が開催され、イワコーと菊水堂も出展する。そのとき、菊水堂のブースに件《くだん》の女性が手伝いに来ていた。

「展示会には、占いのブースも出てたんですけど、清吉さん、その占い師にポケットマネーでお金を渡して、これから女性を連れてくるから、再婚したほうがいいと言ってくれってお願いしたらしいんです」

もちろん清吉は岩沢にそのことを告げていない。後日、岩沢が察したことだ。晴れて岩沢は、その女性と再婚する。

「展示会の後に、家内と清吉さんとまさ子さんの3人でどこかに旅行に行っただかで、帰りにまさ子さんと家内の2人が僕のところにお土産を持ってきてくれたんです。僕に他の女性の影があるかどうか、探りに来た(笑)。本当に、夫婦揃って面倒見がいい」

実は、岩井夫妻は岩沢を含めて十数組の縁談を取り持っていた。

「損得なんて一切考えてない夫婦なんですよ。ただただ、自分たちがこの人に対してこういうふうにしたら、きっと良くなる。きっと幸せになると信じてお世話をしてくれる」

岩沢の再婚相手は数年後に亡くなり、そして清吉も逝った。岩沢はまた独りになった。

「清吉さん、もう少し生きててくれたら、もうちょっといろんな話をしたかったけどね。残念だけど」

筆者にそう告げた岩沢自身も、話を聞いた1ヶ月後の2024年1月10日に没した。享年89。

「清吉さんは酒が飲めないから飲みに行ったことはないけど、私の人生の中では、商売の本質というものを聞けた稀有《けう》な人ですよ。あの人は、私らなんかとは全然違う感覚の持ち主。本当にスケールの大きい人だった」

なぜ、このような零細企業が70年も残っているのか

序章で提示した「菊水堂のような零細企業が、なぜ生き残っていられるのか」との疑問は、菊水堂のあゆみを振り返れば、ある程度解消されるだろう。スーパーやコンビニといった大手チャネルでの販売を捨てて価格競争のチキンゲームから降りたこと、お土産ポテトチップスというブルーオーシャンを開拓したこと、大手が真似できない「できたてポテトチップ」の即日配送でファンを確保したことは、事実として菊水堂のポテトチップスビジネスを確実に延命させた。

一方で、50年以上にわたりジャガイモ業界やポテトチップス業界を見てきた狩谷昭男の指摘は、もう少し高い視点からの示唆に富んでいる。

まず、商品が「安全であること」だ。

「菊水堂が長らく生協と取引しているという事実は重要です。生協は品質のチェックが非常に厳しいことでも知られていますが、その生協が菊水堂との取引を何十年も続けているのは、消費者にとって安全で美味しいものを作っているから。これは私の見解ですが、食品を扱う企業は今後ますます、商品から〈健康〉というキーワードが外れた時点でダメになっていく。その点、菊水堂は一貫して健康・安心・安全を堅持していて、その経営方針を2代目も守ってい

る。そこに決して派手さはないけれど、経営上の大きな安定感になっている」（狩谷）

清吉は生涯一貫して、「子供が食べるものだから」という製造ポリシーを曲げなかった。ポテトチップス製造初期（１９６４年）から水さらし工程で薬品を入れなかったのも、調味料を塩だけとしたのも（１９７６年）、激辛に手を出さなかったのも（１９８４年）、そのためだ。

長きにわたって築き上げた「安全」は、皇室にも届いた。

２００９年11月6日、東京ビッグサイトで行われた第48回農林水産祭「実りのフェスティバル」の会場。その日は秋篠宮文仁《あきしののみやふみひと》殿下、秋篠宮妃紀子《きこ》さま（いずれも呼称は当時）が視察に訪れた。ふたりが最後に立ち寄ったのが、当時狩谷が理事長を務めていたいも類振興会のブースである。岩井菊之と母・まさ子もそこに詰めていた。対応した狩谷によれば、文仁殿下・紀子さまは予定より長くブースに滞在し、熱心に展示を観覧し、いくつか質問もされたという。

やがて、ふたりが会場から退出した直後、ひとりの女性がブースにやってきて手早く菊水堂のポテトチップスを手に取り、まさ子に代金を支払って足早に去っていった。

その女性は、なんと文仁殿下と紀子さまの「おつきの方」だった。購入したのは、当時の農林水産省が推し進めていた新品種のジャガイモを使ったポテトチップスである。

「視察中、おふたりはポテトチップスにかなり強い関心を寄せられていました。帰り際に３人のお子様へのお土産を思いつかれ、おつきの方に購入を依頼されたに違いない――と私は確信しています」（狩谷）

当時の秋篠宮家の子供たちといえば、眞子さまが18歳、佳子さまが14歳、悠仁さまが３歳。

混じり気のない清廉なポテトチップスが御三方の胃を満たしたと想像するだけで、清々しい気持ちになる。

狩谷が指摘したもう一点が、「メディア対策の巧みさ」だ。

「特に二代目の菊之さんですが、マスコミに対してはとてもウェルカムな姿勢で、取材時にはものすごく丁寧に説明してくれる。結果、マスコミの間に『菊水堂ならきちんと対応してくれる』という安心感が浸透した。だから折に触れて好んで取り上げてもらえる」

視察や相談で菊水堂を頼って来る者を誰ひとり拒まず、かつ図抜けた世話焼き気質であった清吉イズムを、菊之も引き継いでいると見るべきであろう。そのことは、何より筆者が体感している。本書の執筆（書籍も「メディア」のひとつである）にあたって幾度となく菊之から話を聞いたが、工場案内の丁寧さ、取材時間の長さ、取材後に追加で送ってくれる資料の多さは他の取材先を大きく凌駕していた。良く言えばサービス精神旺盛。言葉を選ばず言うなら「過剰」だ。

清吉の郷里・下仁田での聞き取り取材時もそうだった。清吉親族とのアポイント時間の3時間も前に来てほしいと言われたので「道の駅しもにた」に赴くと、菊之は自分の車に乗れと言う。乗り込むと、菊之の運転で馬山地区をはじめ、富岡製糸場から善太郎叔父の住んでいた上小林、両岩井家の墓までも案内してくれた。運転中、説明はノンストップ。ここまで至れり尽くせりで対応してくれる取材相手は、なかなかいない。当然ながら、菊之の語りの中には、こちらが当初想定もしなかった興味深い逸話がいくつも含まれていた。

思い返せば、まだ登場したばかりのインターネットという新しいメディアでポテトチップスを売ろうなどと考えたのは清吉の発想だった。これもひとつの「メディア対策」であろう。失敗はしたものの、後々復活させたネット通販が軌道に乗ったからこそ、『マツコの知らない世界』でのブレイクにも対応できた。近年の菊水堂は常にメディアを味方につけている。「安全であること」は普遍的で揺るぎない価値。「メディア対策の巧みさ」は時代に即した価値。一見して相反する二者が同居しているからこそ、埼玉の零細企業はいまだに生き残っている。序章で提示した「小さな存在が小さな存在のまま存続する方法」のヒントは、きっとこのあたりだ。

佐俣の息子

菊水堂の第1号社員にして、清吉の右腕だった佐俣清三。その息子・佐俣孝之は、生前の清吉の言動で、ひときわ記憶に刻まれていることがある。弟、つまり佐俣清三の次男のことについてだ。

「母（佐俣よう）は、僕が5歳の時に弟を産んで亡くなりましたが、周囲の人たちは、父（佐俣清三）の手だけでは2人も育てられないと見ていたようです。それで弟は養子に出されました。ただ、清吉さんは長年、『佐俣の息子は俺が育てなくちゃ』と思っていた。僕の両親を結婚させたのは自分だから、その息子は自分が引き取らなきゃ、自分が面倒を見なきゃって。そういう責任感と葛藤がずっとあったようです」

佐俣ようは、清吉の妻・まさ子の妹だ。清吉は信頼する右腕の伴侶に、最愛の妻・まさ子の妹を勧めたのだった。

清三の次男より11歳年上の菊之は少年時代、次男氏を岩井家にもらい受けるかどうかの話が出た際、「僕、もうひとり弟ができるの反対だよ」と口に出して言った。

結局、清三は岩井家にこの次男を預けなかった。

実は現在、長男である孝之と養子に出された次男氏との間には、一切の交流がない。次男氏は従兄弟にあたる菊之とは連絡を取り合っているが、実の兄である孝之とは「口をきいてくれない」（孝之）という。兄だけが佐俣に残り、弟の自分は乳児院に預けられたのち、養子に出された。その気持ちは、本人でなければわからないことだ。

実は菊之は長らく、岩井家で次男氏の面倒を見ることに反対を表明した自分を悔いていた。自分があああも反対しなければ、あるいは……。

２０１１年、末期がんを患った清三を見舞いに行く車中で、菊之は清吉にその話をしてみた。すると清吉は言った。「お前の反対なんかで、そう簡単に決められるものじゃなかった」

自分の反対で決定されたわけではなかった。その言葉に菊之は安堵《あんど》した。数十年ぶりの安堵だった。

今となっては、清吉と清三の間にどんな話し合いがあったのか、知る由もない。第三者がそれを知る必要もない。

「数年前に弟が家を建てたんですよ。それを聞きつけた晩年の清吉さんが、まさ子さんとうち

に来て言ったんです。弟に謝りたいって」（孝之）

孝之は、住所だけは知っていた次男氏の家まで清吉を案内したが、結局、会うことはできなかった。清吉は家の前に車を停め、何時間も待ち続けたという。

生涯、他人の面倒を見続けた清吉にとって、唯一、面倒を見たくても見られなかったのが、右腕の息子だったのか。

孝之は思い出す。

「その後、清吉さんがかなり呆《ぼ》け始めてきたときに会いに行ったら、もうこれは仕方ないんだけど、隣のまさ子伯母さんに手が出てしまってるんですよ。ショックだったけど、伯母さんになんて言ってるか聞いたら、『甥っ子がせっかく訪ねてきたんだから、もっと面倒見なきゃだめじゃないか』って」

孤高にして偉大な蟻

あまたのポテトチップスメーカーが現れては消えていく中、大手メーカーの軍門に降ることなく、小さな会社を小さなまま存続させ、独立独歩で我が道を歩み続けた稀代の菓子職人にしてイノベーター、岩井清吉。下仁田の農家に生まれ、戦争による一族の没落をものともせず抜群の商才を発揮し、なんの後ろ盾もなく上京して独立し、一代で70年以上続くポテトチップスメーカーを創り上げた。

１９６８年、業界では最初期にオートメーション化を実現した。

1976年、業界内で最も早くブランド塩を使用した。

1997年、日本にインターネットがほとんど普及していない頃にネット通販を試みた。

誰からの工場視察依頼も拒むことなく受け入れ、世界中にポテトチップスを広めようと尽力した。

能書きは垂れず、思いついたらすぐ行動する。とにかくやってみる。信じられないほど限界まで働く。口癖は、「人の真似は、したことがない」。

清吉を知る多くの人が、清吉について語った。

「世話好き」
「商売がうまい」
「働き者」
「好奇心旺盛」
「アイデアマン」
「生真面目で実直」
「不言実行」
「公の場では控えめ」
「自慢はしない」
「人の言うことを聞かない」

「人を平気で振り回す」
「デタラメだらけ」
「子供たちには異常に厳しい」

清吉について調べれば調べるほど、生前の清吉を知る者に話を聞けば聞くほど、その人間的魅力に引き込まれる。清吉の前半生からは映画『スラムドッグ$ミリオネア』を思い起こしたが、改めて全生涯をたどると、新たに3本の映画が頭に浮かぶ。

1本目は、フランシス・フォード・コッポラ監督の『ゴッドファーザー PART II』（1974年）。

2人いる主人公のうちのひとりは、後にニューヨークのイタリア系マフィア、コルレオーネ・ファミリーを率いることになるドン・コルレオーネ（ヴィトー）。演じるのは若かりしロバート・デ・ニーロだ。彼が故郷のシチリア島から移民として単身アメリカに渡り、少しずつ商売を広げながら同郷のイタリア系移民たちを取りまとめ、一族を繁栄に導くさまを描く。

下仁田から上京して商売を成功させ、故郷の親族たちを次々と東京に呼び寄せて〝ファミリービジネス〟の基盤を固めていった清吉の姿が、野心に燃える誇り高きヴィトーに重なる。

2本目は、『ゴッドファーザー』と同じコッポラ監督の『タッカー』（1988年）。

舞台は1940年代後半のアメリカ、独自の発想で個性的な車を開発したプレストン・トマス・タッカーの実話に基づく物語だ。権威に与《くみ》しないタッカー（ジェフ・ブリッジス）は、自動車ビッグスリー（フォード、GM、クライスラー）や保守的な政財界の圧力に屈することなく、進取の気性をもって朗らかに我が道を行き、斬新な車を開発する。

時に周囲を困惑させながらも破天荒な発想で前に進み続けたタッカーの姿は、大手メーカーの価格戦略に屈することなく、ゲリラ的なアイデアで危機を切り抜け会社を存続させた清吉にそっくりだ。

3本目は、ミミ・レダー監督の『ペイ・フォワード　可能の王国』（2000年）。不遇な家庭環境で育った少年トレバー（ハーレイ・ジョエル・オスメント）は、「自分が受けた善意をその人に返すのではなく、別の3人に渡す」ことで、世界を変えようとする。英語圏における“Pay It Forward”はいわゆる「恩送り」のこと。誰かから受けた恩を別の人に送る。送られた人がさらに別の人に送る。トレバーはいじめっ子に立ち向かいナイフで刺されて絶命するが、その想いは数え切れないほど多くの人の心を動かした。

清吉は生涯を通じて他人の面倒を見続け、“Pay It Forward”を実践した。

ただ、この3本の映画の主人公と清吉の人生には、決定的に異なる点がある。

清吉はドン・コルレオーネのような犯罪行為に手を染めてはおらず、タッカーのように「巨人」によって廃業には追い込まれておらず、トレバー少年よりずっと長生きだった。

虎は死して皮を残し、人は死して名を残す。
偉大なる蟻は死して、偉大なるポテトチップスを残した。

おわりに

2023年4月に『ポテトチップスと日本人　人生に寄り添う国民食の誕生』（朝日新書）という本を刊行したところ、ポテトチップスメーカーの方やジャガイモ業界関係者の間で思いのほか多く読まれ、好評を得た。理由は、日本におけるポテトチップスの通史を一般読者向けにまとめた商業出版物が、それまでに1冊も存在しなかったからだと思われる。

無論、各メーカーや各業界団体が自社あるいは自団体の歴史をまとめた記録や資料は、それぞれが所有している。しかし、それらをメーカーや団体を横断してまとめた一般向けの書物はなかった。ある業界関係者からは、「いつか誰かにまとめてもらいたいと思っていた」と言われた。著者としては望外の喜びだ。

『ポテトチップスと日本人』の執筆中、ずっと感じていたことがある。記録として残っている資料が思った以上に少ないのだ。市販の書物やインターネットで閲覧できるテキストはもちろん、過去数十年にわたる新聞や雑誌、食品系の業界紙・業界誌のバックナンバーなどをいくら漁《あさ》っても事実確認が取れないことが多く、さりとてメーカーや業界団体に問い合わせてみても、「資料が残っておらず不明」「社内にそれを知る者がいない」等、判然としない。結局、当時を知る方による「数十年前の記憶」に頼らざるをえないケースもあった。

実際、同書執筆時点で、国産ポテトチップスの誕生からは70年以上が経過していた。湖池屋の「のり塩」発売からも60年以上。あと数年もすれば、ポテトチップス草創期を知る関係者から直接話を聞く難易度は、一段と上がってしまうだろう。カルビーの松尾孝も松尾雅彦も、湖池屋の小池和夫も、もうこの世にいない。『ポテトチップスと日本人』完成時には、「このタイミングで国産ポテトチップス史をまとまった形で編めたのは、ギリギリセーフだった」と担当編集者と共に労いあった。

『ポテトチップスと日本人』の刊行から1週間も経過していないある日のこと。刊行元の出版社から連絡が入った。「菊水堂の岩井菊之社長ご本人から、弊社宛にお電話がありました。著者と話がしたいそうです」

翌日、電話を折り返すと、菊之氏は言った。

「よく調べているし、よく書けていると思う。僕の知らないことも書いてあった。今後はポテトチップス関係書の底本になるでしょう。その上で、本文中の記述について僕なりの解釈を話したい箇所がいくつかある」

菊之氏は電話口でそのまま話し始めたが、6年前の彼への取材がふと頭をもたげた。この話、10分や20分では絶対に終わらない。ある程度話を聞いたところで、近々訪問して話を聞かせてほしい旨を告げ、一旦電話を切った。

後日、八潮工場でのアポイントの日。そこには清吉氏の弟・金造氏と、まさ子氏の妹・岡崎八重子氏もいた。菊之氏は拙著に対する感想や意見を一通り話し終えると、菊水堂草創期の状況などを中心に、3時間近くにわたってポテトチップス談義を披露してくれた。

その中で筆者が最も興味を引かれたのが、清吉氏の出自にまつわるエピソードだ。それが、本書を企画した動機である。

書名の「アゲもん」にはさまざまな意味を込めた。ポテトチップス（揚《ア》げ物《もん》）に人生を捧げた者《もん》。下仁田から身ひとつで上京し、瞬く間に菓子職人としての腕を上《ア》げ、精気を漲らせて気勢を上《ア》げ、一代で岩井の家名を爆上《ア》げした男。その人生には幾度となく向かい風《アゲンスト》が吹き荒れたが、怯《ひる》むことなく前に進んだ。

『ポテトチップスと日本人』が、カルビー、湖池屋といった2大メーカーを主に追跡することによって国内ポテトチップス史を俯瞰した書物だとすれば、本書は、零細メーカーである菊水堂の創業者個人を追跡することで、国内ポテトチップス史のアナザーサイドを凝視する書物である。2冊は「国内ポテトチップス史」という同じものを見ているが、見る場所、見る角度、焦点距離を違《たが》えることで、拝める風景も別物となった。序章に即して言うなら、巨人の目では捉えきれない解像度で、歴史を彩る微細な襞《ひだ》の鑑賞を試みたのが本書である。

もうひとつ、本書執筆にあたって追求したいことがあった。「大きな会社でなくても生き残る方法」だ。その答えらしきものは本書中に書かれているので繰り返さないが、この場を借りて言っておく。筆者は「小さな会社がなくなるのは残念だから、応援しよう」などとぬるいことを主張したいわけではない。

「世界一のポテトチップス天国」という日本の状況を愛してやまない筆者にとって、菊水堂はなくなってほしくないメーカーだ。同様に、カルビーも湖池屋も山芳製菓も、その他のすべてのポテトチップスメーカーにも、なくなってほしくない。なぜなら、特定の商品開発ポリシーを掲げるメーカーがひとつ減るごとに、我々が享受できるポテトチップスの多様性は確実に〝痩せ細って〟いくからだ。思想の異なる多くのプレイヤーが同じフィールドで切磋琢磨《せっさたくま》しているからこそ、その市場《フィールド》は活性化する。あらゆる産業分野に言えることだ。

本書にもたびたび登場する元農林省の狩谷昭男氏は、その点に関して言った。

「どんな産業分野にも多様性は必要です。単一化やある方向への専門化は、平時は問題ありませんが、いざ戦争や気候変動が訪れると途端にもたなくなる。ポテトチップス業界もご多分に漏れず、多様性を担保し続けなければ未来はありません。その意味で私は、カルビーや湖池屋といった大手〈以外〉の存在である菊水堂という会社に注目しているし、逆に言えば、菊水堂のような会社を大事にする業界でなければダメだと思う」

『ポテトチップスと日本人』では、ジャパニーズポテトチップス最大の特徴と世界に誇れる長所を「味付けの多様性」に見出したが、その多様性を生み出すポテトチップスメーカー自体にも、多様性がなければならない。菊水堂というささやかな会社がこれからも生き残ってほしいという願いは、この幸福なる、豊潤な多様性に満ちた日本のポテトチップスシーンをこの状況のまま存続させたいという願いと、まったく同じなのだ。

どうかこの世界が、巨人と蟻が共存できる幸せな場所であらんことを。

本書は多くの方々のお力添えによって完成した。

まずは、何をおいても岩井菊之氏である。度重なる取材訪問には常に120%の熱意と労力で応じていただいたことへの感謝は当然として、筆者が最も驚いたのは、所有する各種資料の豊富さである。菊水堂のあゆみを記録した膨大な書類に留まらず、業界草創期から現在までの状況が窺えるさまざまな資料を綺麗に整理されていた。業界紙・業界誌のバックナンバー、新聞記事の切り抜き、他社の会社案内、各種パンフレット、内部的な業務指示メモ、下仁田の郷土史にまつわる資料まで、ありとあらゆる記録が出てくる、出てくる。清吉氏の日記や渡米時の8㎜フィルム、若かりし頃の姿が写っているスナップ写真などは、本書でもごく一部を掲載したが、菊之氏が濱田音四郎氏と四半世紀も前に面談した際にメモを書きつけた手帳まで残していたことには、さすがに驚いた。

これらの貴重な記録を商業出版物の記述に活かして世に出すというだけでも、本書の意義はいくばくかあったのではないかと思う。

なお、菊之氏は本書の内容に関して、事実確認まわりの指摘以外は筆者に一切の注文をつけていない。この場を借りて厚く御礼を申し上げたい。

両岩井家の親族の皆さんや、菊水堂の古参従業員の方々には、清吉氏に関する聞き取り調査にご尽力いただいた。その中でも、菊之氏の義理の妹であり菊水堂の経理を担当する岩井和美氏と、まさ子氏の甥にあたる佐俣孝之氏には特にお世話になった。

岩井和美氏は菊之氏取材の日程調整をはじめ、書籍制作に関連するさまざまな確認や連絡、下仁田と八潮でそれぞれ開催した親族グループインタビューの仕切りと原稿確認の取りまとめほか、書籍制作にあたって参考となりうる多種多様な情報を逐一メールで送ってもらった。

佐俣孝之氏には両岩井家の詳細な家系図をご提供いただいた。複雑極まる両岩井家の血縁関係は、この家系図がなければ到底把握しきれなかっただろう。

八潮の経営者仲間である株式会社右川ゴム製造所の右川清夫氏、株式会社イワコーの岩沢善和氏は、清吉氏とほぼ同世代。身内からの称賛や苦言から浮かび上がる清吉像とはまた異なる、同世代の経営者から尊敬を集める有能な仕事人としての清吉の一面を、ふたりからの惜しみない称賛から感じ取ることができた。

本文にも記したが、岩沢氏は取材からわずか1ヶ月後に逝去された。本書の完成を楽しみにしていてくれただけに、残念極まりない。清吉氏について「もう少し生きててくれたら、もうちょっといろんな話をしたかった」と言っていた岩沢氏だが、今ごろは清吉氏と話に花が咲いているだろうか。この場を借りて故人の冥福をお祈りする。

問い合わせにご回答いただいた一般財団法人いも類振興会、日本スナック・シリアルフーズ協会、そして担当編集者の菊地悟氏にも感謝を。菊地氏は、筆者が飲み屋で何の気なしに話した清吉氏の逸話に食いつき、すぐに社内で企画を通してくれた。彼が菊之氏に言ってくれた

「今、稲田さんの肩書は〈ライター、編集者〉ですが、この本をもって〈ノンフィクション作家〉の肩書を加えたい」という言葉が、執筆の大きな支えになった。

最後に、狩谷昭男氏である。取材依頼に快く応じていただいただけでなく、当時を知る貴重な資料も多数ご準備・ご提供いただいた。1970年代初頭の国内ポテトチップスシーンに業務として深く関わった貴重な証言者にして、いも類振興会の理事長を12年にもわたって勤めた国内いも界の重鎮。そんな狩谷氏の話は理路整然としていて、楽しげで、有意義、何よりエキサイティングだった。

文書として記録に残っていないポテトチップス史の「空白」が、狩谷氏の記憶によって少しずつ塗りつぶされていく快感。その興奮たるや、どう書いても書ききれない。話を聞いている間、筆者は「今、歴史に立ち会っている」という崇高な心持ちに幾度となく包まれた。若き日の清吉氏の日記ではないが、自分はこの本を書くことができて、この仕事をすることができて「誠に幸福である」と思わせてくれたことに、心から感謝したい。

なお、狩谷氏は現在、川越市内に購入した60坪の土地で、ジャガイモやサツマイモを含む野菜、果樹栽培を日々楽しんでいる。訪問の帰りがけに持たせてくれた極太キュウリは、冷蔵庫で冷やして何もつけずかじった。虚飾のない、野菜本来の美味しさが、酷暑で弱った内臓を癒やしてくれる。虚飾のない、ジャガイモ本来の美味しさを味わう「できたてポテトチップ」に通じるものを感じた。

菊水堂という企業が今後どれくらい存続するのかは、わからない。

ただ、どうしても記しておきたかったのだ。戦後間もない時期に田舎から飛び出した若者が、どのようにして今までになかった菓子を独力で作ったのかを。そうして基盤を固めた小さな小さなポテトチップスメーカーが、大企業に飲み込まれることなく70年以上も生き残っているという信じがたい事実を。「シェア0・3%」という吹けば飛ぶような規模であっても、たくさんの人に愛されながら生きながらえる術《すべ》が、この世知辛い令和の日本にも、まだ確かに存在しうるのだということを。このような奇跡を、後世の人々が容易に参照できる紙の書物として、きちんと記録しておかなければ。

若き日の狩谷氏は、農林省の先輩から「記録に残せるものは、なるべく残したほうがいい」とよく言われたそうだ。それゆえ在省中から農業専門誌などに寄稿を重ねたほか、いも類振興会の職に就いてからは、ジャガイモやサツマイモに関する専門書の編著を何冊も手掛け、その時々の状況を正確に記録した。それらの資料は、本書の随所で大いに役立っている。

書物とは、梯子《はしご》のようなものだ。人間ひとりが独力で達することのできない知の高み、拝むことのできない風景に、先人がかけた梯子によって楽々と達し、臨むことができる。その梯子の上に、もうひとつ梯子を継ぎ足せば、次の者はさらに高い場所に到達することができる。

誰もが足がかりにできる梯子、すなわち誰もが参照可能な書物に記録を残すということは、先人たちのあらゆる営為に敬意を払い、次の世代にこの世界を託したい者にとって、きわめて利他的な善行、きわめて尊い行為なのだ。清吉が生涯を通じて実践した“Pay It Forward”そのものである。

筆者は『ポテトチップスと日本人』のあとがきで、ポテトチップス用として最も使用されているジャガイモの品種が、両親がつけてくれた自分の名前「豊史《とよし》」に酷似した「トヨシロ」であるという奇妙な縁について記した。

名の縁というものは、確実にある。

清吉が勤め先からもらい受けた屋号は、父親の名前「菊司」の中の1字が含まれた「菊水堂」であった。初期の菊水堂を支えた清吉の右腕の名は、自分の名前が1字含まれた「清三」であった。

狩谷氏の自宅を訪ねた折、着席した筆者に氏が最初にしてくれた話は、名の縁についてだった。氏は「豊史／トヨシロ」に言及しながら、満面の笑みでこう言った。

「私には、あなたよりひとつ歳上の息子がいるんですが、その名前がね、豊《ゆたか》っていうんですよ」

“It is written”である。

令和六年九月
稲田豊史

注釈

【序章】

＊1　イギリス英語でポテトチップスは「potato crisp」もしくは単に「crisp」と言う。なお、イギリス英語で「chips」は、日本で言うところのフライドポテト（和製英語）、アメリカ英語で言うところのFrench fries（フレンチフライ）を指す。fish-and-chips（フィッシュ・アンド・チップス）のchipsである。

＊2　2012年の「できたてポテトチップ」発売当初、大手メーカーの一般的な塩味の塩分濃度は0・9％～1％前後と現在より高かった。

＊3　日本スナック・シリアルフーズ協会「スナック菓子の年別出荷数量及び金額」の2023年度の統計によれば、日本のスナック菓子全売上3558億円のうち、ジャガイモ原料のスナック菓子は2462億円で約70％。それ以外はコーン系スナックや小麦系スナックなどである。一般的なポテトチップスの定義に当てはまる「スライス型のポテトチップス」と「スライス型のファブリケートポテト（成型ポテトチップスと呼ばれる、ジャガイモをフレーク状にしてから決まった形に固め直し、油で揚げるなどしたもの）」の合算では1509億円。これはスナック菓子全売上（3558億円）の42・4％を占める。

＊4　農林水産省「令和4年度いも・でん粉に関する資料」の「ばれいしょの用途別消費の推移」の2022年度分（概算値）などを参考とした。

＊5　欧米諸国のポテトチップスも種類は多いが、基本となるフレーバーは以下6種類しかない。塩、バーベキュー、サワークリーム&オニオン、ソルト&ビネガー、ホットチリやハラペーニョなどの辛い系、チーズだ。メーカーやブランドが変わっても、この基本6フレーバーは基本的に変化がない。

＊6　『ポテトチップスと日本人　人生に寄り添う国民食の誕生』（稲田豊史・著／朝日新書、2023年）

＊7　なお、2024年6月に筆者が日本スナック・シリアルフーズ協会に問い合わせたところ、「ローカル

で小規模地釜揚げをしている事業者がどのくらい存在するのかは不明。全部で10社以上はありそう」との回答を得た。

＊8　菊水堂からの情報をもとに、日本スナック・シリアルフーズ協会「スナック菓子の年別出荷数量及び金額」の2023年度「ポテトチップス」の「スライス」より算出。売上ベース、数量ベースともにシェアは0・3％前後である。

＊9　『'70 食品マーケティング要覧　第1 スナック食品市場の展望』富士経済、1969年

【第1章】

＊10　「群馬県立世界遺産センター」HPより。

＊11　現在の当地の地名は「安楽地」だが、明治期以前には「安楽寺」と表記されていたようだ。「安楽寺」表記は1983年刊行の『上野国郡村誌　8 甘楽郡』（群馬県文化事業振興会）にも見られるが、同書は「太政官の『皇国地誌編輯例則』（明治八年六月五日達）により編集され内務省地理局へ提出されたものの稿本又は写し」（凡例より）であり、「皇国地誌」の編纂《へんさん》事業が明治17（1884）年に打ち切られたことと併せると、「安楽寺」は明治後期以降、「安楽地」表記に変わったものと推察される。本書内ではすべて「安楽地」表記で統一する。

＊12　「群馬県立世界遺産センター」HPより。

＊13　『せかいでさいしょのポテトチップス』（アン・ルノー文、フェリシタ・サラ絵、千葉茂樹・訳／BL出版、2018年）を参考とした。同書ではわがままな客の名前が「フィルバート・P・ホースフェザーズ」となっていて、Pは「こだわり屋」を意味するパンクティリアス（punctilious）と説明されている。この逸話には、クレームをつけた客がアメリカ屈指の鉄道王、コーネリアス・ヴァンダービルト（1794-1877）というバージョンも知られているが、大筋は変わらない。

【第2章】

＊14 『バナナと日本人　フィリピン農園と食卓のあいだ』（鶴見良行・著／岩波新書、1982年）本小見出し内のバナナに関する記述は同書を参考とした。

＊15 亀井堂総本店HPより。

＊16 戸越銀座商店街オフィシャルフェブサイトより。

＊17 同前

＊18 「グッズプレス」1998年2月号「ジャパナイゼーションの博物誌　Vol.20 ポテトチップ」

＊19 帝国ホテルHPより。

＊20 朝日新聞夕刊「ジャガイモをたどって（6）」2015年10月5日

＊21 1934年に開業した銀座ビヤホール（現・ビヤホールライオン銀座七丁目店）と思われる。同ホールは戦時中に営業を中止したが、終戦後の1945年9月11日より営業再開。ただし1951年12月31日までは進駐軍専用であり、一般客は入れなかった。音四郎がどの時期に営業をかけたのかは不明。

＊22 同じく「いも類振興情報　115号」によれば、入札メーカーの一般販売が始まったのは、朝鮮戦争終結（1953年）よりさらに数年後。音四郎の「フラ印」発売（1950年）よりずっと後のことである。

＊23 岩井菊之によれば、川小商店の齋藤興平は大串の履歴書の内容について懐疑的であったという。

＊24 東京アメリカンクラブHPより。

【第3章】

＊25 「商工ジャーナル」2003年5月号「新しい価値を見出した商品に改良をしつづける―松尾雅彦・カルビー（株）社長に聞く」日本商工経済研究所

＊26「海外移住」第605号／2002年6月「特集　フロンティアスピリット～異文化体験とビジネス成功法～」国際協力事業団
＊27 それゆえ、菊水堂がポテトチップス製造を始めて以降は、かりんとう屋もポテトチップス製造に参入した。かりんとうは夏場に売上が落ちて暇になるので、初夏を中心に原料のジャガイモが収穫できるポテトチップスは、売上の穴を埋めるのにうってつけの商品だった。
＊28 総務省統計局「東京オリンピック時（1964年）と現在（2014年）の日本の状況」【平成27年3月2日】
＊29「フードシステム研究」10巻（2003-2004）2号　松尾雅彦「スナックフーズビジネスにおける国際性（グローバリゼーション）と地域性 ―カルビーが追求する三つの戦略―」日本フードシステム学会
＊30 2006年2月からは条件付きで生ジャガイモの輸入が認められている。理由はポテトチップスの売上が伸び、国内のジャガイモだけでは足りなくなったためだが、その用途はポテトチップスに限定されており、しかも長距離陸送による疫病などの拡散を防ぐため、港湾地区の工場で加工することが条件だった。つまり港湾地区に工場を所有するメーカー（2024年時点ではカルビーのみ）以外に輸入生ジャガイモを原料に使うことはできないというわけだ。
＊31『70食品マーケティング要覧　第1　スナック食品市場の展望』富士経済、1969年
＊32 同前
＊33 1975年に山陽新幹線が博多まで開通すると「ビュフェ車」とは別に、本格的な食事を提供する「食堂車」が登場した。両者とも長い移動時間の間の腹ごしらえが目的だったが、高速化されて乗車時間が短くなったこと、利用客が増えて少しでも多く客席数を確保する必要が生じたことで、徐々に姿を消していった。
＊34「菓子世界タイムス」第498号（昭和45年11月17日発行）「手造りでオートメ化　水洗いから袋詰まで全工程無人化　ポテトチップスの〝伊藤製菓〟」、同第500号（昭和45年12月7日発行）「伊藤製品大好評

オートメのポテトチップ」
＊35　1937年、スナック食品事業を行っていたハーマン・レイがアトランタのスナックメーカー「バレット・フード社（Barrett Food Company）」を買収。レイは社名を「H・W・レイ・リンゴ＆カンパニー（H.W. Lay Lingo & Company）」と改め、1938年からポテトチップスの製造を開始する。同社は1961年に、フリトー社（Frito Company）と合併してフリトー・レイ社（Frito-Lay, Inc.）となり、1965年にはペプシコーラ社（Pepsi-Cola Company）と合併、ペプシコとなって、現在に至る。なお日本で「ドリトス」や「チートス」を販売するのはペプシコ社が出資する日本法人のジャパンフリトレーだが、同社は2024年現在、カルビー傘下である。
＊36　同じく「油脂」1975年9月号（Vol.28, No.9）「ポテトチップ用油脂　コメ油の配合油が最適」（味の素（株）中央研究所　商品開発研究所　蟻坂昌之による寄稿）にも、「デイリー食品（現在の東京スナック食品）が米国フリートレイ社とオートフライアー導入を含めた技術提携を行った昭和38年頃」という記述がある。また、「新電気」2004年6月号（オーム社）の「元気の素を探る「オンリー・ワン企業」への道　スクスク（健康）、安全、味覚を追及する軽菓子の専門メーカー『東京スナック食品』」（相川信彦の寄稿）でも「1963年、日本で最初のポテトチップス・オートメーション設備を導入したスナック菓子分野での老舗なのが、東京スナック食品である」と紹介されている。
＊37　ヨックモックHPより。
＊38　英語圏における「written in the stars（星空に書いてある≒星の定めである）」の省略的なニュアンス。「Cambridge Dictionary」による例文：It was written in the stars that they would meet and fall in love.（ふたりは出会い、恋に落ちる運命だった）

【第4章】

＊39「農業および園芸」第47巻第3号（1972年3月号）「農業講座　農業生産物の流通と改善（11）——馬鈴しょ加工食品の生産と流通——　狩谷昭男」（養賢堂）

＊40「いも類振興情報 115号」一般財団法人 いも類振興会、2013年

＊41「菓子飴新聞」1974年11月18日「日本ポテトチップ協会　理事長に高野氏（東京スナック食品）銀座第一ホテルで設立総会」。設立時に湖池屋やアメリカンポテトチップ社は参画していない。湖池屋は後年入会し、社長の小池和夫が副理事長と二代目理事長を歴任している。

＊42「ジャパンフードサイエンス：食品加工と包装技術16」（1977年3月号）「ポテトチップ業界、戦国時代に参入　懸念される値崩れ・乱売・再編成」（日本食品出版）

＊43　1966年度の国内市場は約12億円、同時期のアメリカの市場は日本円に換算して約3000億円。

＊44　トヨシロをカルビーに売り込んだのは、北海道農業試験場（現・北海道農業研究センター）に所属していた梅村芳樹（1936-2006）。農林省（現・農林水産省）を経て1961年に同試験場へと移ってきた梅村は、ジャガイモ品種改良の研究室に配属された。その際、育成に関与したジャガイモのひとつがトヨシロである。元農水省の西尾敏彦は2009年、「いも類振興情報99号」に以下のように記した。「『トヨシロ』が世に出た当時のこと。ポテト産業最大手のC社の社長室に、リュックを担いだ男が乗り込んできた。『トヨシロ』の売り込みにきた梅村である」。「C社」とはカルビーのことである（筆者がカルビーに確認した）。

＊45『ポテトチップスと日本人　人生に寄り添う国民食の誕生』（稲田豊史・著／朝日新書、2023年）

＊46　同前

＊47「菓子食品新聞」2023年12月11日　語り継ぐ「美味しいモノ作り」　創業70年『できたてポテトチップ』の㈲菊水堂

＊48　サントリーは1977年、世界初の成型ポテトチップスである米P&G社の「プリングルズ」（1968年発売）を「プリングル」の名前で輸入販売している。

＊49　「フードシステム研究」10巻（２００３‐２００４）２号　松尾雅彦「スナックフーズビジネスにおける国際性（グローバリゼーション）と地域性　―カルビーが追求する三つの戦略―」日本フードシステム学会
＊50　「カラムーチョ」はジャガイモを短冊型にカットしたポテトスナック（シューストリングポテト）であり、正確に言えばポテトチップスではないが、ポテトチップス業界に激辛ブームをもたらした商品であることは間違いない。なお１９８６年にはチップスタイプも発売されている。
＊51　「世界サブカルチャー史　欲望の系譜　シーズン４　21世紀の地政学　アイドル編」（ＮＨＫ　ＢＳプレミアム４Ｋ）２０２４年1月6日

【第5章】

＊52　『'75 食品マーケティング要覧　no.3 スナック食品市場の将来』富士経済、１９７５年
＊53　『'85 食品マーケティング要覧　no.5 スナック&菓子市場の徹底分析』富士経済、１９８５年
＊54　「菓子飴新聞」２０２４年新年特集号　巻頭言「伸びない時代に共存共栄はできない？」
＊55　「菓子食品新聞」２０２３年11月27日　語り継ぐ「美味しいモノ作り」創業70年『できたてポテトチップ』の㈲菊水堂
＊56　言うまでもなく、オウム真理教の宗教施設の名称である。

【終章】

＊57　『ポテトチップスと日本人　人生に寄り添う国民食の誕生』（稲田豊史・著／朝日新書、２０２３年）
＊58　ＮＨＫ前橋放送局　ぐんまＷＥＢリポート「群馬の伝統産業『養蚕業』が衰退　新たな担い手は？」２０２３年6月30日

主要参考文献

【書籍】（著者名五十音順）

アンドルー・F・スミス（著）、竹田円（訳）『ジャガイモの歴史』原書房、2014年

アン・ルノー（文）、フェリシタ・サラ（絵）、千葉茂樹（訳）『せかいでさいしょのポテトチップス』BL出版、2018年

伊藤章治『ジャガイモの世界史――歴史を動かした「貧者のパン」』中公新書、2008年

いも類振興会（編）『ジャガイモ事典』いも類振興会、2012年

稲田豊史『ポテトチップスと日本人　人生に寄り添う国民食の誕生』朝日新書、2023年

ota25（著）、大谷さん（編）『ジャガイモ学――日本ポテトチップス史』自費出版、2016年

狩谷昭男『サツマイモの近代現代史　―甘藷問屋川小商店136年の軌跡―』財団法人いも類振興会、2012年

くろにゃこ。（まんが）、大畑英明（シナリオ）『文春まんが　読みとくシリーズ7　ポテトスナック　ここが知りたい！』文藝春秋企画出版部、2021年

竹下大学『日本の品種はすごい――うまい植物をめぐる物語』中公新書、2019年

鶴見良行『バナナと日本人　フィリピン農園と食卓のあいだ』岩波新書、1982年

畑中三応子『ファッションフード、あります。――はやりの食べ物クロニクル』ちくま文庫、2018年

広島産学協同懇談会（編）『トップが語る――広島中堅企業20社 下』中国新聞社、1981年

マーナ・デイヴィス（著）、伊丹十三（訳）『ポテト・ブック』ブックマン社、1976年（河出書房新社より2014年復刊）

山本紀夫『ジャガイモのきた道――文明・飢饉・戦争』岩波新書、2008年

『'70 食品マーケティング要覧　第1 スナック食品市場の展望』富士経済、1969年
『'75 食品マーケティング要覧　no.3 スナック食品市場の将来』富士経済、1975年
『'85 食品マーケティング要覧　no.5 スナック&菓子市場の徹底分析』富士経済、1985年
『2016年 食品マーケティング便覧』富士経済、2016年
『中国地方の中堅企業』中国新聞社事業局出版部、1983年

【業界誌・業界紙・雑誌・論文誌】（誌名五十音順）
「いも類振興情報 98号」財団法人 いも類振興会、2009年
「いも類振興情報 99号」財団法人 いも類振興会、2009年
「いも類振興情報 102号」財団法人 いも類振興会、2010年
「いも類振興情報 115号」一般財団法人 いも類振興会、2013年
「いも類振興情報 132号」一般財団法人 いも類振興会、2017年
「オール生活」臨増　1983年7月号「ハワイから里帰り　国産ポテトチップスの〝生みの親〟」実業之日本社
「海外移住」第605号／2002年6月「特集　フロンティアスピリット〜異文化体験とビジネス成功法〜」国際協力事業団
「菓子飴新聞」1974年11月18日「日本ポテトチップ協会　理事長に高野氏（東京スナック食品）　銀座第一ホテルで設立総会」
「菓子食品新聞」語り継ぐ「美味しいモノ作り」　創業70年『できたてポテトチップ』の㈲菊水堂（全6回）2023年11月6日〜12月11日

「菓子飴新聞」２０２４年新年特集号　巻頭言「伸びない時代に共存共栄はできない？」
「菓子世界タイムス」第４９８号（昭和45年11月17日発行）「手造りでオートメ化　水洗いから袋詰まで全工程無人化　ポテトチップスの〝伊藤製菓〟」
「菓子世界タイムス」第５００号（昭和45年12月７日発行）「伊藤製品大好評　オートメのポテトチップ」
「グッズプレス」１９９８年２月号「ジャパナイゼーションの博物誌　Vol.20 ポテトチップ」徳間書店
「ジャパンフードサイエンス：食品加工と包装技術16」（１９７７年３月号）「ポテトチップ業界、戦国時代に参入　懸念される値崩れ・乱売・再編成」（日本食品出版）
「商工ジャーナル」２００３年５月号「新しい価値を見出した商品に改良をしつづける―松尾雅彦・カルビー（株）社長に聞く」日本商工経済研究所
「食品商業」１９７８年９月号「成型ポテトチップス　甘味ばなれのスナック食品として人気急上昇」商業界
「総合食品」１９８１年12月号「カルビー登場で一変する東京スナックの去就」総合食品研究所
「dancyu」２０１７年10月号「ひみつのポテチ」プレジデント社
「日経ビジネス」２０１０年７月26日号「特集〝やりすぎ〟カルビーの変身―ペプシコの軒借りて世界へ」日経ＢＰ社
「農業および園芸」第47巻第３号（１９７２年３月号）狩谷昭男寄稿「農業講座　農業生産物の流通と改善（11）――馬鈴しょ加工食品の生産と流通――」（養賢堂）
「フードシステム研究」10巻（２００３－２００４）２号　松尾雅彦「スナックフーズビジネスにおける国際性（グローバリゼーション）と地域性―カルビーが追求する三つの戦略―」日本フードシステム学会
「農業と経済」１９７１年５月号　狩谷昭男寄稿「食用ジャガイモの流通と価格　―価格安定への道―」（農業と經濟社）
「油脂」１９７３年３月号（Vol.26, No.3）「ユーザー探訪（５）油菓の本格的な企業をめざす　東京スナック

食品株式会社」幸書房
「油脂」１９７５年９月号（Vol.28, No.9）「ポテトチップ用油脂　コメ油の配合油が最適」（味の素（株）中央研究所　商品開発研究所　蟻坂昌之）（幸書房）
「油脂」１９８７年11月号（Vol.40, No.11）「ポテトチップス市場の動向　１，０００億円を超える市場に成長　味、形の多様化がさらに進む」幸書房

【新聞】（紙名五十音順および発行日順）

朝日新聞夕刊「甘い時代は大辛が好き」１９８５年12月10日
朝日新聞朝刊（第二埼玉）「会社のチカラ　くらしを変える埼玉　食の東西①ポテトチップ」２００５年10月22日
朝日新聞夕刊「ジャガイモをたどって（６）」２０１５年10月５日
日経流通新聞「ポテトチップス―辛口・厚切りが主流に　大手参入で販売競争激化」１９８６年１月13日
日本経済新聞「工場から自宅へ『できたて』ポテチ好評　埼玉・八潮の菊水堂」２０１５年７月22日
読売新聞朝刊「戦略を聴く　ポテトチップ鮮度で勝負」２０２４年６月18日

【放送】（番組タイトル五十音順）

『世界サブカルチャー史　欲望の系譜　シーズン４　21世紀の地政学　アイドル編』（ＮＨＫ　ＢＳプレミアム４Ｋ）２０２４年１月６日
『第二アサ秘ジャーナル　大人の社会科見学』（ＴＢＳ系）２００８年３月12日
『毒蝮三太夫のミュージックプレゼント』（ＴＢＳラジオ）２０１１年４月21日
『マツコの知らない世界』（ＴＢＳ系）２０１５年３月10日

【資料提供、協力】（敬称略）
岩井菊之、佐俣孝之、狩谷昭男

【協力】（順不同、敬称略）
森和子、岩井進、岩井和美、岩井金造、岩井登茂子、飯倉峰子、黛君江、黛潤一、里見きよ、岩井康雄、横田孝夫、岩井太一
五十嵐静子、五十嵐宏之、五十嵐康史、岡﨑八重子、岡﨑富藏、岡野千代美、花岡光子
陳麗文、石川清夫、岩沢善和、田口京子、石川三枝子

一般財団法人いも類振興会
日本スナック・シリアルフーズ協会

本書編集作業中の２０２４年９月８日、岩井清吉氏の妻・岩井まさ子氏が
91歳の生涯を閉じられました。心よりご冥福をお祈りいたします。

稲田豊史（いなだ　とよし）
1974年愛知県生まれ。ライター、コラムニスト、編集者。横浜国立大学経済学部卒業後、映画配給会社、出版社を経て独立。著書に『セーラームーン世代の社会論』（すばる舎リンケージ）、『ぼくたちの離婚』（角川新書）、『「こち亀」社会論　超一級の文化史料を読み解く』（イースト・プレス）、『映画を早送りで観る人たち　ファスト映画・ネタバレ――コンテンツ消費の現在形』（光文社新書）、『ポテトチップスと日本人　人生に寄り添う国民食の誕生』（朝日新書）、『このドキュメンタリーはフィクションです』（光文社）などがある。

アゲもん
破天荒《はてんこう》ポテトチップ職人《しよくにん》・岩井《いわい》清吉物語《せいきちものがたり》

2024年11月27日　初版発行

著者／稲田豊史《いなだとよし》

発行者／山下直久

発行／株式会社KADOKAWA
〒102-8177　東京都千代田区富士見2-13-3
電話　0570-002-301(ナビダイヤル)

印刷・製本／大日本印刷株式会社

●お問い合わせ
https://www.kadokawa.co.jp/（「お問い合わせ」へお進みください）
※内容によっては、お答えできない場合があります。
※サポートは日本国内のみとさせていただきます。
※Japanese text only

定価はカバーに表示してあります。

ISBN 978-4-04-114368-1　C0095